南贾赛社

人卷

并行 后素 主编

王学锋 著

中国工信出版集团
人民邮电出版社
POSTS & TELECOM PRESS

南贾赛社

人卷

RENJUAN

乙

并行　后素　主编

王学锋　著

人民邮电出版社
北京

乙 人卷

目次

壹 人礼

晋东南一带未成年的孩子要举行『冲瘟』仪式。

壹 人礼

1. 圆锁

晋东南一带未成年的孩子要举行“冲瘟”仪式，即将孩子从写有“驱邪避疫”的、笸箩糊纸制成的船上抱过，意谓“过瘟河”。

过瘟河

过瘟河

壹 人礼

孩子到 15 岁（或 12 岁）生日时，要举行圆锁仪式。圆锁，也称圆羊、玩十二，是上党地区比较普遍的一种成人礼。圆锁一般在家中举行，在天地三界（或祖先位牌）前设案摆供，供品为面制羊。到中午时，孩子跪在供羊前，胸前挂着数张（如 15 岁用 17 张，除了表示一岁一张，还要加天与地各一张）纸币（也有用铜钱的）折成的圆环，由姥姥或其他长辈将绕有铁链、缠着红布的铁锁打开。仪式完成后，家中设宴招待宾客。

天地三界前的供桌

供桌上的面羊

孩子等待开锁

开锁

设宴待宾

2. 婚礼

（1）请八音会、厨师

婚礼举办前几日需要订下八音会吹打班子和厨师。吹打是否热闹，吃得是否好，关系到客人对婚礼的评价，主家对此一般都要认真掂量、反复考虑。

八音会

壹 人礼

新郎官披红挂绿

（2）披红挂绿

新郎官在礼服两肩斜挂一红一绿、在胸前相交叉的两条绸条，即“披红挂绿”。绸条宽约一厘米，垂向地面的一头扎花。

壹 人礼

（3）祭风

为求第二天“办事”风调雨顺，正式婚礼举行的前一天晚上，男方一般都要举行祭风仪式。仪式先由新郎官手托供品馒头5个，中间馒头上插红纸制的“风伯雨师”位牌，在八音会吹打的伴随下，前往村中东南方向。到了目的地，新郎官向东南方向跪拜、敬香，同时放鞭炮。完毕后，新郎官带着祭风用的位牌和供品返回家中，并将位牌和供品摆放于家中院内正中位置，在八音会的伴奏下再次叩拜敬香。

新郎祭风

新郎祭风

（4）迎祖先位牌

祭风之后，是迎祖先位牌。位牌一般放在新郎官的爷爷家里，迎接时需新郎官手托供品馒头5个，八音会一路吹打跟随。新郎官怀抱位牌返回家时，门前地上要烧三炷香，新郎官行跪拜礼，之后将位牌摆放于里屋，再次行跪拜礼，敬香。八音会不能跟随进屋，须在窗外奏乐。

（5）迎娶新娘

婚礼当天午饭前，开始迎娶新娘。迎娶可用车，也可骑马，新娘若是本村的，离得不远，就骑马迎娶。这些马一般从附近南舍村、羌城村租用，这些村子有些老人专养婚礼用的马，并负责在婚礼时牵马。迎娶马队一般为 12 匹，男方坐 6 匹，包括新郎官、伴郎及 4 位女性，剩下 6 匹由女方坐，包括新娘、伴娘及 4 位女性。伴随八音会的吹打和鞭炮的鸣放，迎娶马队走街串巷，在热闹中奔向女方家。

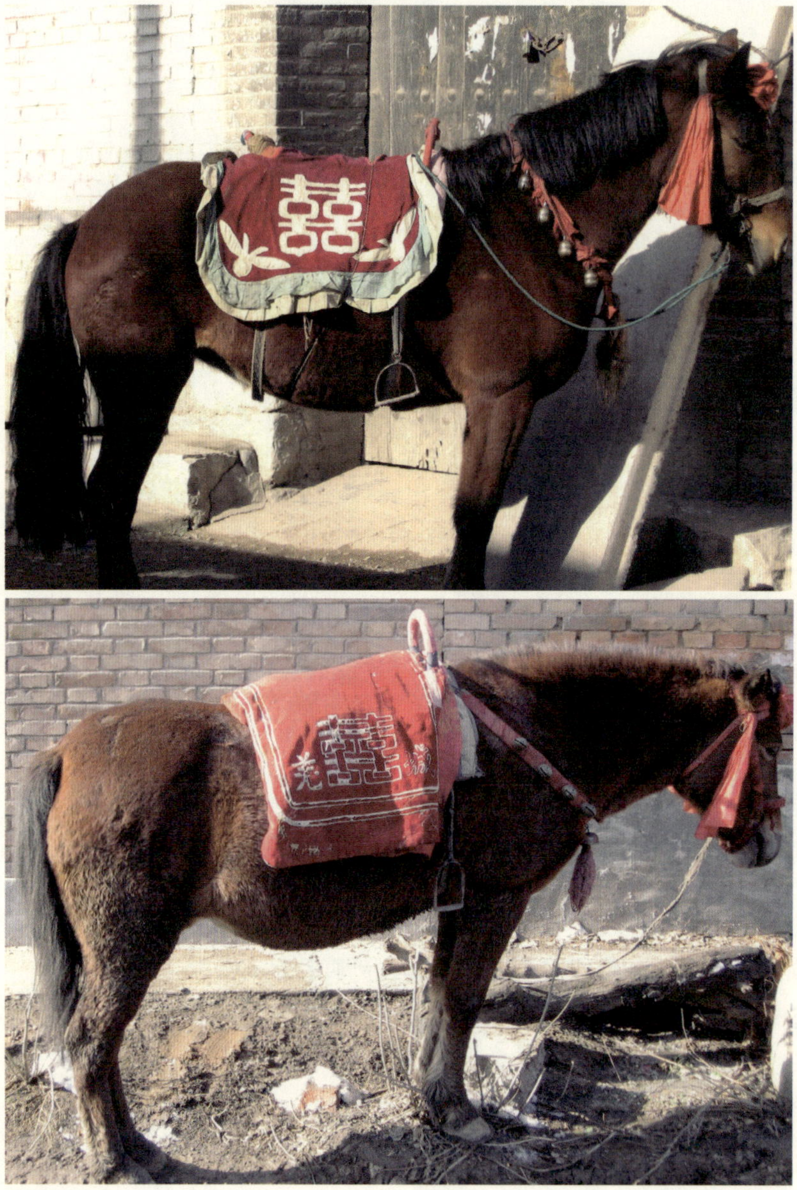

结婚用马

牵马的人

旁边卖糖葫芦的人

结婚用马

娶媳妇马队

壹
人
礼

（6）宴请

午饭在女方家吃，以吃面为主。给客人吃面是表示以礼相待，相亲时如果女方家招待提亲者吃面，就表示认可。婚礼吃面时，新郎、新娘、亲戚和主要办事人员在屋内吃，来上礼的客人一般在屋外，办事的马队人员和八音会人员必须在院内吃。午饭后，新娘骑马到男方家。有的婚礼要把公婆和司仪扮丑，公婆一路转圈，直至迎娶回家。回到男方家，新人叩拜男方父母，婚礼达到高潮。

迎娶队伍中的秧歌表演

壹 人礼

3. 丧俗

传统的丧礼仪程仪节较为繁复，如要举行取水、破地狱、接魂、过关(开关展路)、祭门、观灯上座等仪式，并要请阴阳专门主持，阴阳一般会要求主家备好桌、椅、香、烛、纸(麻纸、五色纸)、布、供等，如在破地狱环节要准备桌一张、椅四把、扫帚一把、瓦五片、核桃枣各三十个、麸半桶、杆杖一根等，以便仪式顺利举行。现在村子里的丧礼一般都简化了，但也有一定的礼俗。

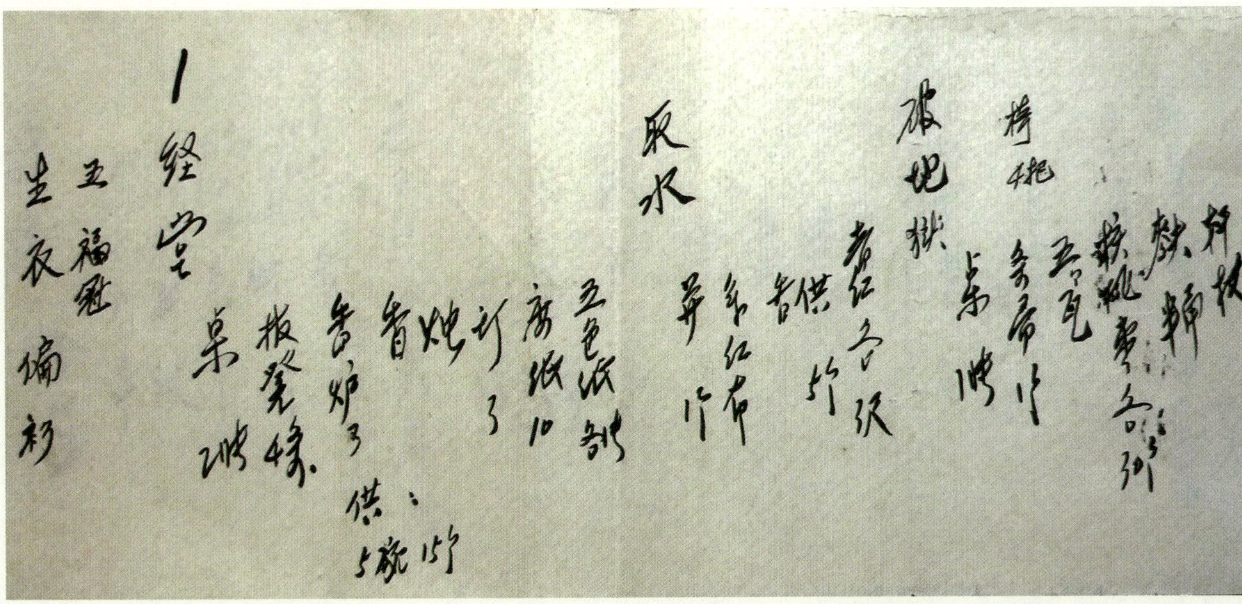

张枝群丧礼，仪式按传统礼俗　杜同海 / 提供

壹 人礼

（1）布置灵棚

办事人家院内搭建灵棚，以停放灵棺、设置祭台，供人凭吊。棚内可挂二十四孝图，棚外两旁放纸扎仙鹤上写“驾鹤西游”。灵棺棺身绘八仙人物。

未經艱辛人自難爲

灵棚

纸扎

壹 人礼

院子外面要贴出讣告，一张贴在自家院门外墙上，另一张贴在村子里最显眼的位置，以通告村民。

院门贴白色对联，挂郑伦、陈奇像，叠纸人纸马置于门外等。办事人员如厨房、抬材、赶车、打杂等人名均张贴于院内或院外。

郑伦、陈奇

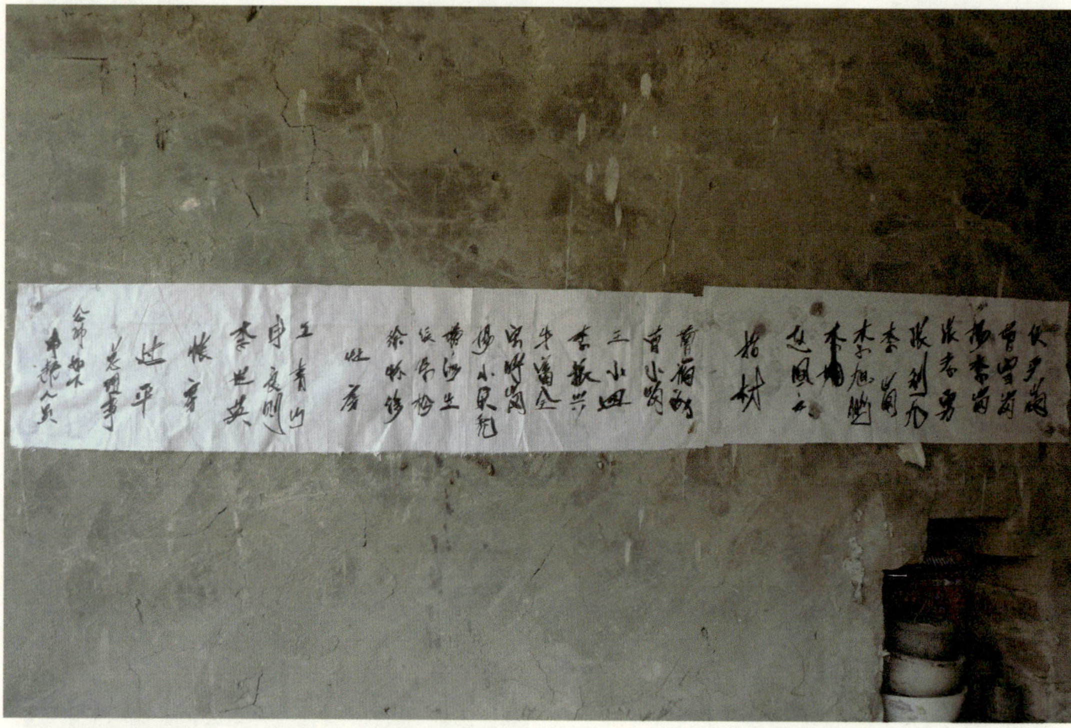

张贴办事人员名单

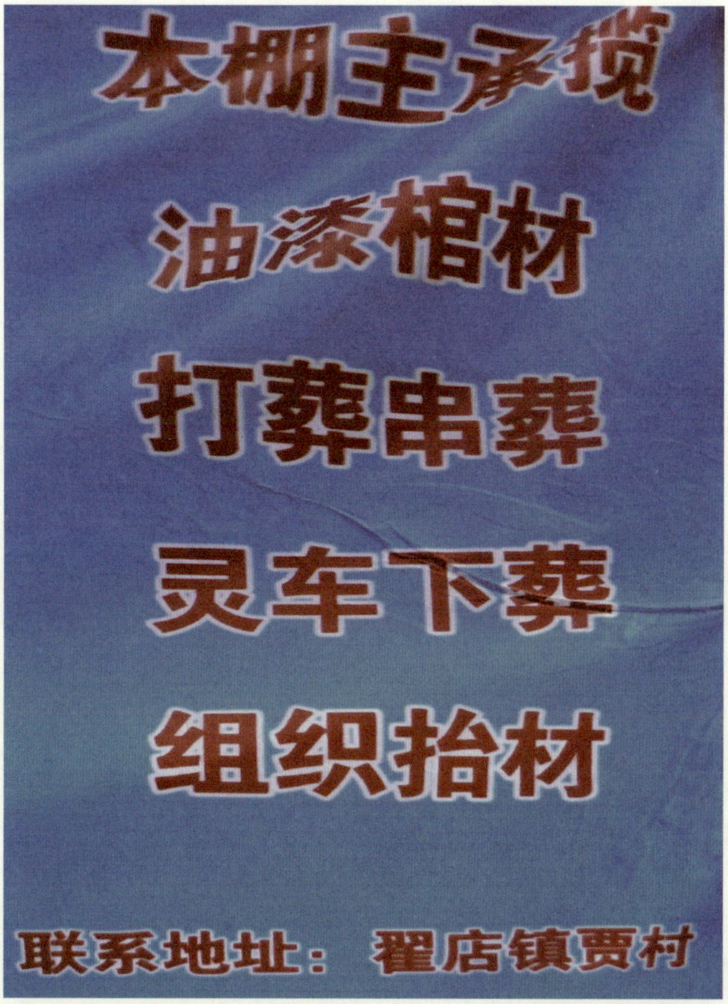

承揽丧礼生意的广告

（2）迎女婿、迎娘家

出殡前即午饭前，在村内中心地带离丧家很远处设案，上摆食物，办事人员在八音会吹打伴随下迎接女婿的到来。之后，主家后人在八音会吹打的跟随下，再去娘家迎接娘家人。

（3）吃面

红白事，均要吃面。迎娘家人回来后，全体办事人员和到主家上礼的客人一起吃午饭，主要吃面。

壹 人礼

（4）出殡、唱白事

午饭后出殡，灵棺被抬出灵棚，仙鹤打头，灵棺随后，孝子贤孙紧随其后，八音会班子一路伴奏。到村中中心地带时，由主家订好的八音会班子、歌舞队表演节目，停留一定时间后，才正式送往墓地。节目表演一般有三类：一是八音会，二是流行歌或歌舞表演，三是戏（上党梆子、落子、说书等）。

灵棺绘八仙人物

离灵棺不远处树下的八音会

时辰到，送葬队伍远去，八音会继续表演

贰 岁节

二十二：打发小姐走圪节——张老送闺女：嫁出去的闺女必须回婆家。

灵棺停放村子中心地带

贰 岁节

1. 年俗

（1）腊月

二十一：打发小姐走圪节——张老送闺女：嫁出去的闺女必须回婆家，因为二十三灶家爷上天，要点人。

贰 岁节

二十三：打发老爷上老天——灶家爷上天，汇报工作。对联：二十三日走，初一五更来。家家过小年，吃祭糖，糊灶家爷嘴。对联：上天言好事，回宫降吉祥。

二十四：扫房子——因老爷上天，打扫卫生，搬家具。

二十五：蒸团子——开始准备过年吃的，在过去团子要算是主食。

二十六：割下肉——买年货，再没钱也得买点肉。

二十七：买纸笔——准备写对联。

二十八：瞎圪刷——过年家家都要写对子，过去有文化的人很少，所以有点文化的人，就可以写。

二十九：倒下酒——过去都是散酒，没有瓶装的，买酒，叫作打酒。

三十日：门神老爷贴挂起——门神爷在一个家庭中起着门卫的作用。对联：唐朝两员将，而今做门神。一门二进士，文武双状元。一门多清净，四季保平安。

门神老爷

贰 岁节

（2）正月

初一初二正拜年——初一团拜，家族小辈向长辈集体拜年。初二，外甥走姥姥家。

初三初四招小姐——初三走老丈人家，初四走姑姑家。

初五送五穷——初五也称“破五”，春节前五天的诸多禁忌到初五这天即可打破。

有两种说法：

一是，道教信的神比较复杂，在三十日接神时有些不该请的神，也串进来，所以在初五早晨送走。

二是，因初一至初五打扫卫生扫一些灰（穷灰）不敢往外倒，于是在初五早上，准备煤灰五堆并倒于门外，以示送五穷。

贰 岁节

初六：不敢动斗秤。

初七：不敢吃黑菜。

初八：祭星来。

初九：揪懒汉。

初十：老鼠娶媳妇。

十一十二：碾黍子。

十三十四：蒸黄糕。

十五十六：闹元宵。

邮
电

全家过大年

贰 岁节

2. 元宵

元宵节时村中会组织晃杠演出，近些年晃杠作为贾村民间文艺的代表几乎每年都去参加潞城市、长治市的元宵民间文艺汇演。除了参加村外活动，祖师庙、三元宫、三大士庙等庙附近的村民，会各自组织周围人家集资，请说书班子演出三天。

贾村晃杠参加潞城市 2010 年民俗文化艺术展演活动　杜同海 / 提供

三元宫外公布的集资说书款户

贰 岁节

此外，在碧霞宫南灯展（盏）地几乎每年都有一些村民搭黄河灯。黄河灯，又称九曲黄河灯、转九曲等，是北方山陕等地较为常见的元宵游艺活动。贾村黄河灯用高粱秆搭架，摆出九个“卐”字。架上置灯（现用电灯，旧用蜡烛），共 365 盏，表示一天一盏。转灯时循路行进，转过一遍，平安吉祥，百病消除。

在三大士庙外，也有一些村民搭彩台、设香案，做菩萨灯，既敬拜神灵，求得心安，也闹了红火。

祖师庙外公布的元宵节集资说书款户

黄河灯夜景

黄河灯夜景

第一届灯会　杜同海 / 提供

2002 年元宵节黄河灯　杜同海 / 提供

2009 年元宵节黄河灯　杜同海 / 提供

菩萨灯照片　村民申志俊 / 收藏

贰 岁节

3. 初一十五、二十四节气

除了大的岁节，农历每月初一和十五、每年的二十四个节气，均是一年中重要的时间节点，每逢这些日子，村民们均要穿戴整洁，到村中大小庙宇烧香敬神，借此也相互问候交流，做繁忙生活中的休整。

牛凤只女士为十五烧香准备供品

进庙去烧香

4. 观音成道日

观音菩萨信众广泛，每年农历二月十九观音诞生日、六月十九观音成道日、九月十九观音出家日，均是信众的重要纪念日。贾村有三个庙供奉观音菩萨：三大士庙、观音阁、白衣堂，村民家中也常见供奉观音。以观音成道日为例，村民们在前一日就要准备供品，如“船”“衣服”和蔬果等，并为碧霞宫中大小神灵一一敬供，第二天正日，在碧霞宫碧霞元君神像前先行祭拜，然后赴三个庙分别举行仪式，一个庙供一座“船”，敬奉神灵之时，信者内心也得安宁。

王东梅女士为老奶奶（碧霞元君）上供

一般人家均供观音

布置供奉用的“船”

一起分香

大家一起去供观音

准备供馍

准备供菜

三大士庙前准备供“船”

白衣堂供“船”

碧霞宫内供“船”

烧“船”

叁 食居

当地以面食为主，办婚丧之事时多以面食招待客人，故办事常以『吃面』相称。

叁 食居

1. 饮食

当地以面食为主，办婚丧之事时多以面食招待客人，故办事竟以“吃面”相称。请人参加婚、丧礼，就在对方家大门上用粉笔写“某某日某某家吃面”，对方一看就明白；若请对方在婚、丧礼时帮忙办事，则写“吃面 帮忙”。

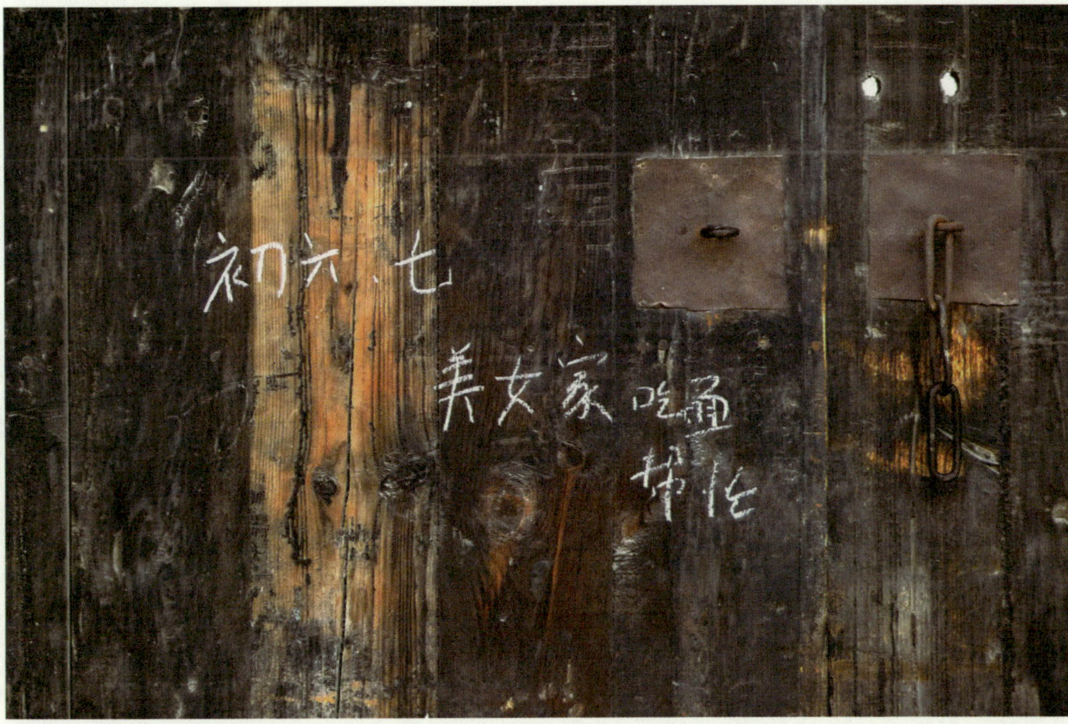

吃面 帮忙

叁 食居

驴肉甩饼摊

驴肉甩饼是当地最有名的小吃，既可用来招待重要客人，也可做街边小吃。

叁
食
居

潞城大疙瘩

其他如潞城大疙瘩、凉糕、八宝饭也是特色小吃。

驴肉甩饼，切驴肉　唐然 / 摄

驴肉甩饼的卷法

王东梅女士为老奶奶（碧霞元君）上供

潞城大疙瘩

潞城大疙瘩就萝卜干儿

凉糕

凉糕

八宝饭

馍房广告

村中卖碗碟的人

叁 食居

办赛是村中大事，为神提供了“全方位”的服务之后，村民朋友们也要分享神的愉悦，也要休息一番，于是，吃饭是第一要紧的。赛社组织者杜同海先生经常在家中酬谢办赛人员，有时会请专门做饭的，有时就大家一起动手帮厨，做饭、吃饭的情景，好不热闹。

搬灶　唐然 / 摄

杜同海先生家中准备设宴　唐然 / 摄

切菜

碗碟已备好

待炸的鱼

裹粉面

炸鱼

大烩菜　唐然 / 摄

研究菜品　唐然 / 摄

办赛人员吃饭名单　唐然 / 摄

开吃　唐然 / 摄

开吃　唐然 / 摄

吃好了　唐然 / 摄

看大家吃得好，杜先生也很开心　唐然 / 摄

叁 食居

2. 民居

村中只有庙比较老旧，民居大多是新修的。院外墙壁常布置“泰山石敢当”，院内或屋里常设“天地三界”等神位。

老一点儿的房子

大门

3

贾村
阁东街
21
贾村第2治安联防区
组长
牛存库
宋拴成
宋云枝
李扁孩
宋国枝
牛云岗
赵枝根
牛晚俊
杨三孩
宋安平
综治 领导组

靠近的几家，治安联防

门帘　唐然 / 摄

门帘　唐然 / 摄

泰山石敢当

天高地厚
天地之大
覆群生恩重
載萬物功高
天地三界十方萬靈真宰
天高悬日月
地厚載山川

泰山石敢当

墙壁上贴着“出门见喜”

家中常设天地三界神位

修房子的人

叁 食居

新房盖成，均要举行谢土仪式，以感谢后土，祈保平安。谢土仪式要做三年，头一年最隆重，后两年相对简单。院门上要贴“感恩后（厚）土”的对联：土府呈祥香结彩，龙神降福蜡生花。院内中心位置设五方神位：南方丙丁火、东方甲乙木、中央戊己土、北方壬癸水、西方庚申金，并摆供插香。院内门墙粘贴剪出图案的五色纸。

院内设置五方神位

院内设置五方神位

院内门墙贴五色纸

叁 食居

室内设供，墙上贴榜。供品及陈设为：白酒一斤、猪肉一斤、鸡蛋六个、点心五盘、三牲盘一个、水果五盘、干果五盘、五色纸各五张、五谷炒米各一份、红布各一尺、茭杆五根、麦秆头插枣做箭六根、小弓一把、黄土一小桶上插称杆。榜文题“祭谢土府”，有联一对：祈天星祷地耀龙神归位，祭太岁谢土府虎将还方，及供奉“三清三皇三官值年太岁尊神之位土府部下一切神君”。

谢土时，烧三炷香，一炷接一炷。室内、院内均烧。烧完香，将枣头箭射向院中四处，称“桃弓六箭”，再将五谷炒米撒向五方，然后将红布撕成小条，系于宅中各门把手上，主人也将红布条系于腰中。最后，所供物品全部倒于盛土的小桶内，以示致谢后土。

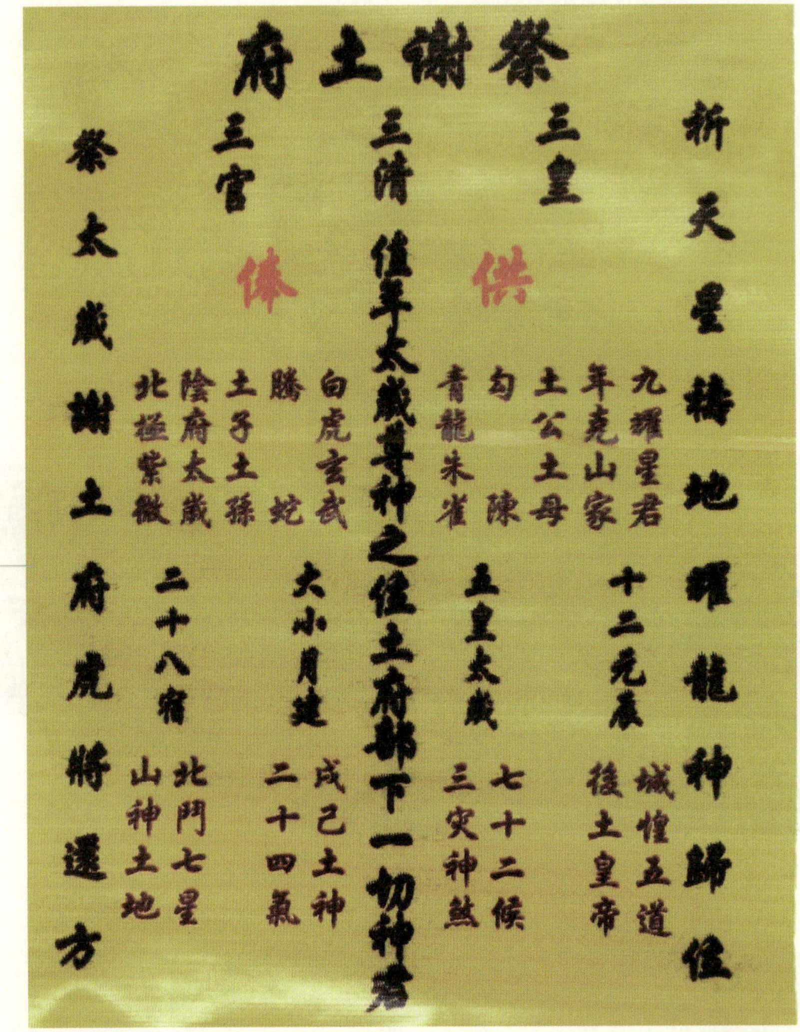
祭謝土府
祈天星禱地曜龍神歸位
三皇
三清
三官
供
俸
值年太歲黃神之位土府部下一切神君
九曜星君
年堯山家
土公土母
勾陳
青龍朱雀
白虎玄武
螣蛇
土子土孫
陰府太歲
北極紫微
十二元辰
五皇太歲
大小月建
二十八宿
城隍五道
後土皇帝
七十二候
三灾神煞
戊己土神
二十四氣
北門七星
山神土地
祭太歲謝土府虎將還方

诸神之位

烧香

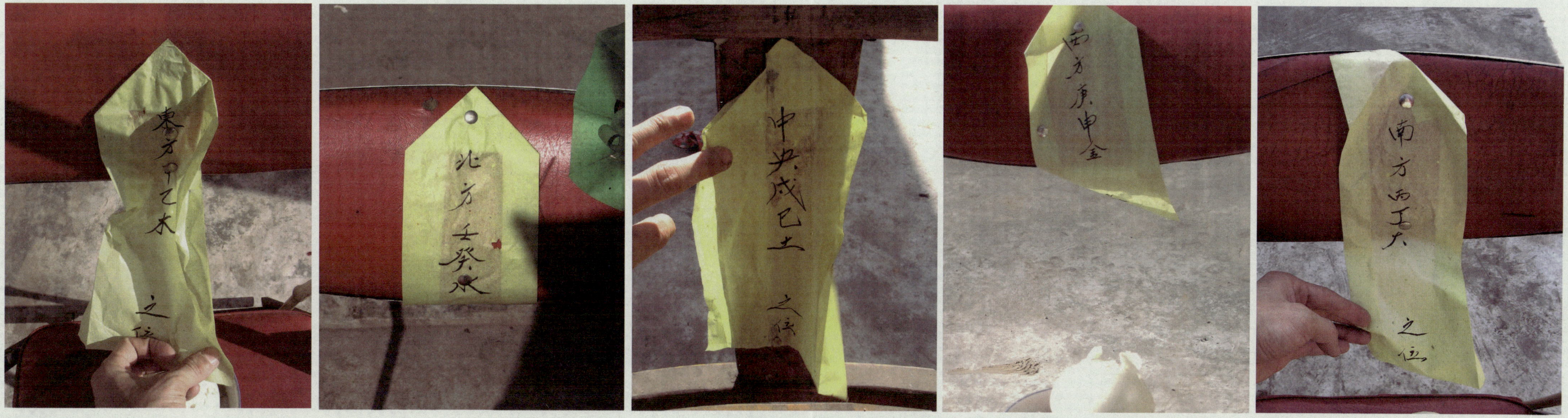

五方神位

祭拜五方

肆 会香

贾村有两个『会』，即二月会（农历二月初二）、四月会（农历四月初四）。

肆 会香

贾村有两个“会”，即二月会（农历二月初二）、四月会（农历四月初四）。逛会主要有三项内容：烧香拜神、赶集买货、看戏休闲。

清晨的香火　唐然 / 摄

肆 会香

会必有香。对村民来说，过会最要紧的，是给“老爷”（男性神均称“老爷”）和“老奶奶”（女性神如碧霞元君、二仙）敬三炷香，保佑自己与家人消灾免祸、平安无事、心想事成。有许愿的，种庄稼的祈求五谷丰登、人畜平安，做生意的祈求生意兴隆；也有还愿的，生了小孩的，孩子考上大学的，均要在神前上香跪拜，敬供心意。有只给一个神敬香的，也有逢神必敬的。有独自去敬香的，也有三五人结伴而去的，更有组织为香会的。有常年坚持上香拜神的，也有偶一为之的。借敬香拜神，有的香民结交朋友，有的香民发声求助，有的香民给人看病。

过会上香，样式五花八门，香的聚集正反映了多面人心，多重人生。香聚人存。

第一个上香者　唐然 / 摄

清晨敬香唱神

供品摊

五福沉檀贡香
五福沉檀贡香

供品摊：香

供品：饼干

供品：衣服

分香
点蜡

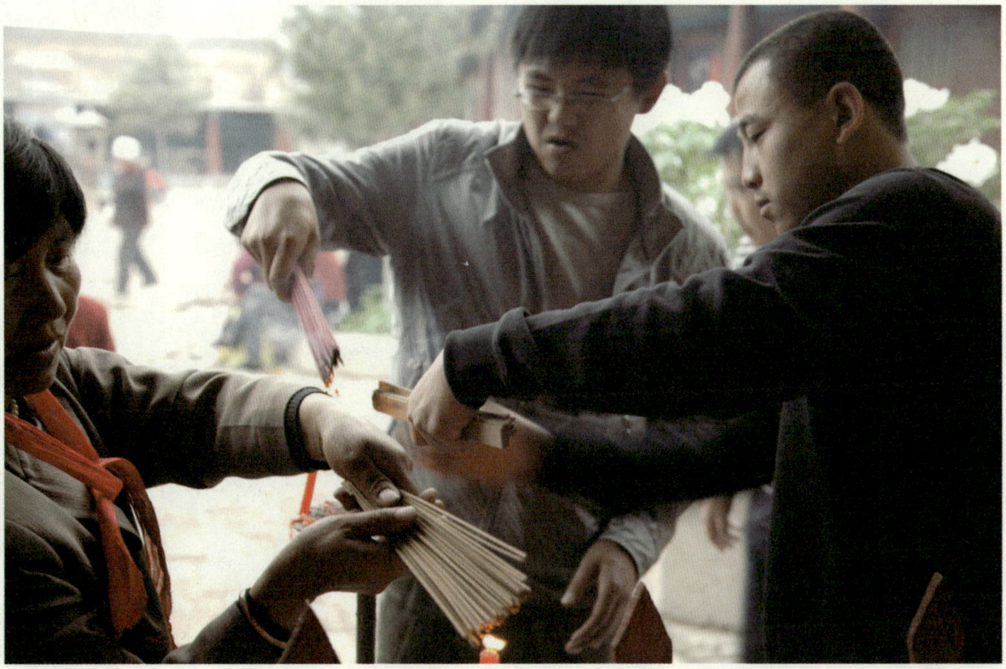

点香　唐然 / 摄

烧高香，25 块钱 3 根

烧香、跪拜

邻村虔诚的烧香者　唐然 / 摄

保护姥姥

为捐款者题名

撕条红布，缠在腕上或系在脖上，可保平安

香民

唱神　唐然 / 摄

唱神 唐然 / 摄

唱神　唐然 / 摄

烟雾中的看唱神者

碧霞宫内香烟缭绕

伍　集市

会也必有集，会上的集规模大，尤其在四月会时。

伍 集市

会也必有集，会上的集规模大，尤其在四月会时。另在每月初二、十二日、二十二日有小规模的集，方便村民日常买东西。集主要设在村中最大的街道中街。

集未开的中街　唐然 / 摄

摊位须提前占下，水泥墙上写着“2008 年 4 月会有人占下”

搭摊

集市街景　唐然 / 摄

集市街景

集市街景

卖凉席的

卖农具的
卖种子的

紫阁生辉

卖布的

卖扫帚的

彩色果味棉花糖

吃凉皮

晚上卖瓜子的

晚集

陆　戏娱

村里过会，离不开演戏，一般都要请戏班子和说书的演上几天。

陆 戏娱

村里过会，离不开演戏，一般都要请戏班子和说书的演上几天。所请的主要是上党一带的梆子剧团、落子剧团、说书曲艺队、豫剧团。演戏多在下午和晚上，一般是三天七场戏，即第一天之前的晚上和每天的下午、晚上。演戏经常是多点开花，在不同台子同时演出不同的种类，一般是三台竞演。梆子、落子和豫剧是大戏，一般在玉皇庙前的文化广场和南舞台等大一些的舞台演出。说书使用的台子一般都不大，多临时搭小的彩台，位置较为灵活，常在南舞台前、祖师庙前、三元宫前、三大士庙前、观音阁前。台子均要对着庙，以示敬神。

陆 戏娱

上党梆子是山西省四大梆子剧种之一，主要流行在上党地区，是当地的大戏。虽称梆子，但其实是包含了昆（昆腔）、梆（梆子腔）、罗（罗戏）、卷（卷戏）、簧（皮簧）五种声腔在内的多声腔剧种，现昆、罗、卷已绝迹于舞台，多演梆子，个别剧团可演皮簧。表演风格粗旷大方、明快强烈，唱腔高亢委婉、细腻动人。擅演杨家将戏和岳家将戏。在神庙戏场中，梆子是除了古老的队戏、院本、杂剧外最重要的戏剧样式，也最受欢迎。

沁县漳河梆子剧团准备演出《宋宫血泪》

舞台为翻修前的文化广场舞台

戏箱全部卸在台上，准备晚上的第一场演出

戏箱全部卸在台上，准备晚上的第一场演出

高平市实验上党梆子剧团演出

长治红专梆子剧团在南舞台演出《 阳河摘印 》

长治红专梆子剧团《王宝钏》

长治红专梆子剧团《状元媒》

长治红专梆子剧团《杨八姐游春》

陆 戏娱

上党落子，原名“黎城落子”，是河北省武安落子传到山西省黎城一地后兴起的地方剧种，流行于上党地区和晋南、晋中等地。原先相比梆子，落子算是小戏，在神庙戏场中是不能用来敬神的，后来落子在发展过程中吸收了上党梆子等剧种的诸多艺术营养，并逐渐扩大了影响，在神庙戏场中的地位也逐渐提高，取得了一定的敬神资格，但现在有些庙会请戏班，仍有不请落子的。

潞城红旗（落子）剧团在文化广场演出《狸猫换太子》

红旗剧团《朱元璋斩女婿》

乐队、司鼓

红旗剧团是当地的大剧团，很受欢迎

红旗剧团《火烧司马庄》

红旗剧团《忠保国》

红旗剧团现代戏《红灯记》

陆 戏娱

说书彩台

说书是上党地区非常流行的一种民间曲艺样式，很多县均有说书，其中以长子说书名气最大，流传到了长子县外的晋东南广大乡村，以至在贾村提起说书即是专指长子说书。长子说书一般 8 人左右，以鼓、简板为主要伴奏乐器，演员简板不离手，表演时有说有唱，间或有一定的化妆表演。与梆子、落子相比，说书较为便宜，且演出生动灵活，表现当下家长里短的生活小段广受欢迎，加之规模不大，便于随处搭台，故村中庙会常常会请说书班子。说书的敬神地位虽不能与梆子这样的大戏相比，但有上升的趋势，个别村子甚至在神庙中专门修建了书台。

戏台前另搭说书台

富贵年年好
花开富贵年年好

庙中专门修建的说书台

鲍先平说唱团在南广场搭台演出

鲍先平说唱团在观音阁对面搭台演出

长子青年说唱团在祖师庙对面搭台演出

大书《康熙大帝访盛京》

小段《喜事》

下午场

陆 戏娱

豫剧在南舞台演出

豫剧主要是河南的地方剧种，但流布全国。上党地区靠近河南，豫剧在当地也有一定市场。

等待开幕

豫剧《风雨情缘》

豫剧《三关排宴》

在南舞台看豫剧

戏演完了，装车出发

南贾赛社

／附录

地方志中很少能看到对村落历史与文化的记录，对后者的了解很大程度上需要依赖村落的庙宇碑刻、民间抄本等文献。附录壹“碑记”选录贾村各庙现存碑石铭记，这些碑记多记录了神庙的重修过程，体现了民众信仰连绵不绝的历史。附录贰“题壁”选录贾村三大士庙戏台和邻村小天贡关帝庙戏台上保存的演出记录，“题壁”即由演出班社将演出剧码、演员名、时间等题写在戏台墙壁上，贾村戏台题壁是当地晚清民国时期的秧歌演出记录，小天贡戏台题壁则展现了从清道光至民国时期更长久的演剧历史。附录叁“仪文”选录赛社和日常生活两类仪式用文，这些仪文来自贾村附近村落，但它们在当地是通用的。

附录壹 碑记

1. 碧霞宫《修天圣母庙记》 明正德元年（1506 年）

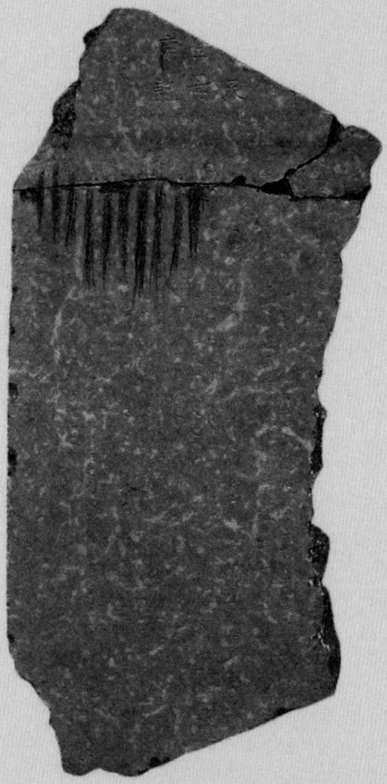

□修□天圣母庙碑残石 王馗 / 摄

沈府（阙文）潞州潞城县平原乡南（阙文）九天圣母神，考诸篇简，尝阅潞志，潞汉置，唐天祐，宋元至我国朝咸潞城。其所由也，历历灼见，但庙之建事失纪载，不知世代。其梁栋日朽，瓦石尽无像饰污蠛，悉不足安神，不足昭敬。本乡耆士牛廒、任继祥等慨然谓曰：我辈居是旱疠疫辄祷于神，神不我违，昭应若答，老稚咸宁，岁时丰稔，大有余年，沾恩佩泽，非一昕一夕也。兹庙貌，乃首出己资，倾囊不吝，城乡靡不乐竟相助，于成化丁未岁四月佣工市材，平基重建正三楹，绘塑其像，创建东西二殿六楹。又逦丁巳岁居屈珐、祖忒事香火终始一诚，民有请者若接影响，感发城乡，捐财林集，复建皇天后土圣母后殿三楹，左右附殿四楹，东西殿各三楹，塑昼其像，妆楼一座，三门殿三楹，东西廊房一十二间。构饰合矩，殿室巍巍，金碧五彩而被乎土木，轮奂一新，光彩夺人。目且四顾庙之风，后有凤凰名山之倚，无影仙冈之句，甘泉出水之潮，明镜积水之川，乡人锺比之秀，托神之庇而逮于后世远矣。自成化至兹正德纪元丙寅岁舍十月，屈指十有九载，工极百费，钱以万计，方会落成。噫！首者曹彪之志，敬奉信句之人又如彼，从此，之后人民悠久之安，恭奉香火之祀，缅不可以岁月限也。众以肇工之由、灵感之实请予撰记，刻石用垂不朽云。

旹正德元年冬十一月吉日立石

注：碑文不清的用□代替

2. 碧霞宫《重铸香炉施钱碑记》　明嘉靖十二年（1533 年）

重铸香炉施钱碑　王馗 / 摄

山西潞安府潞城县在城居□张代仓窃念□村古建九天圣母正殿两廊缺少香炉，代仓谨发虔心，会同李仲仁等各舍资财不等，共买铁七百五十斤，铸大小香鼎五十三个，设列圣前供献，祈祐康泰。施主姓名鏨凿计开：

陈文会 陈添禄 王昆 王辰 戴伦 贾隆 □贵 王忠秀 李锐 李铎 申顺 李仲仁 申孝 王尚礼 刘聚米 田收 牛文学 魏朝 王应辰 张代仓 赵雷 赵志学 李志全 原公明 陈贤 梁□ 王添爵 申安 贾虎 郝受山 宋锦 李仓 李锦

三月十五日建立

看庙僧人 祖忒 登喜福 本县瓦匠 陈世明 陈世强 陈宾 本村瓦匠 牛景义

大明嘉靖十二年四月吉日 申祯 李朝 玉工段云刊

3. 碧霞宫《重修天仙圣母庙记》　清康熙三十二年（1693 年）

重修天仙圣母庙碑残石　王馗 / 摄

（阙文）从来庙（阙文）因之理良不（阙文）天仙圣母庙立于□治之（阙文）代，建自何人，但见庙貌巍峨，神像森列，附近乡（阙文）来临降凡，岁时之氛祲，运数之疠疫，莫不有祷即应。（阙文）降康于物类匪浅鲜也。奈年深岁久，风雨倾圮，殿宇（阙文）曰吾辈生长兹土，坐视凋敝，心则何安。于是相与共（阙文）坚致而完固，敝坏者丹雘之，俾焜耀而辉煌，正殿寝（阙文）成，历数十载而厥功告竣焉。虽逊绩于创始之拮据，（阙文）之巨观也。爰勒诸石，以垂不朽云。

旹大清康熙三十二年岁次癸酉巳未吉（阙文）

管（阙文）后康熙四十（阙文）

4. 碧霞宫《国之大典在祀》　　清乾隆六年（1741 年）

□□国之大典在祀，是祀所以□□□□□□□□□□□□□□□□□□□□报神之功德□□□□□□□栖神无地，虽欲报祀之也无由。故人（阙文）□□庙之建其殆有见于是舆，详阅历来碑记，尔时已不知其建自何代，始自何人，源流莫溯，殊为□□□□□庙制之形胜，颂神圣之功德，卓卓可据者则至于今而不朽。前人撰之既详，后人必欲再赘，非意□□□□□复数见不鲜，不如其也。而其不容以不赘者，惟重为修塑之原委而已。时康熙四十八年，乡中长□□□□张来发、崔璠□潜德隐辉，素号乐善之叟，见一切圣相俱已残毁，内外庙宇俱已尘垢，不胜慨然太□□□革故鼎新之意，因会众同约，以为相者像也，于像神者而残毁瞻拜者，几不识为谁氏之容；庙者貌也，□□□者而尘垢登献者，将无以严如在之念。吾侪既不能妥神灵而大昭报，神亦无由普惠泽而锡纯嘏，遂首□□举捐赀乐贡，其余士庶以及四方善男信女因心种果者，不可以数计于焉。延请丹青，将残毁之圣相俱□□塑，尘垢之庙宇俱为辉煌。妆塑完讫，开展神光，远近焚香者无不争先乐睹，啧啧称快。嗣后，后寝宫、东西两□殿、前殿左右两角楼以及禅室，久经风雨凌荡，不胜栋折榱崩之惧，若使听其颓坏，不为改修，则辅翼不立□，何以肃寝庙之观瞻，壮正楼之嵯峨也哉。但縻费相继，物力维艰，经营频仍，非可猝办。延及雍正改元十三□，再历乾隆改元六载，又有李复初、宋宏业、曹梅等悲同弃井，慨深覆篑，谋于村众，量力捐赀，始鸠工庀材，次第修举，而兴向之金碧庄严粉垩凝霞者，共观厥成焉。为统前后计之，功虽告竣，寔多历年，所初非一朝一夕之□，详述修塑原委，敬勒诸石，非曰以彰勤劳也，一以见神庙之维新，一以见祀典之克展，且并使后之观者有□□于今而兴起之，亦如今之有所感于昔而兴起之也云尔。

旹□□六年岁次辛酉七月吉旦

北庄廪生侯俭熏沐撰并书（阙文）

先年维首　牛国英 秦束景 耆宾（阙文） 李（阙文） 耆宾宋维（阙文）

本年维首　牛爵 李复初 曹维世

廪生　宋宏业 宋宏绩 曹梅　住持　何一煌 何清□ 屈阳鉴　玉工 雷光显

仝立石

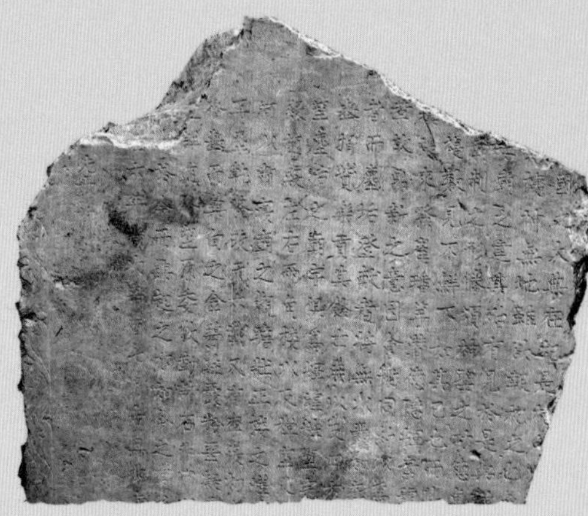

国之大典在祀碑残石　王馗 / 摄

5. 碧霞宫《恢复二月二古庙会碑记》　　1996 年

碑额：万古流芳

潞城县南贾村碧霞宫，据残碑记载，始建年代不详，按现存后宫建置考古为元代建筑，一九九一年立为县级文物保护单位，一九九五年在村委的支助下对该庙后宫进行了修缮。据知每年农历正月三十日至二月初二日有迎神赛社香火会三天，在此期间全村群众举行大型晃杠、大小伞、抗牌、銮驾、锣鼓乐队等游行大街，并先后到附近蝗蝗岗、史回村迎神，并邀请有戏剧两班前来助兴，以求风调雨顺、五谷丰登。此会从四五年停办距今五十余年，原来香火会的用具全部失毁，因此本村以张枝群、杜同海为首在数十位老人的倡导下，集资购置了大会用具，在村委大力支持下恢复了二月二会。其目的，一为把这种民间古老文化流传下去，二为发展旅游事业，活跃农村文化交流。在恢复本庙会期间，得到了邻村集体支助，其款数刻碑留记，其他群众集资款数已并入修庙碑上。另外，有本村民众卫长友、李润生将已生长有拾年的红白牡丹敬献给本庙。

捐资　史回村壹仟伍佰元 崇道村壹仟叁百元 朱家川壹仟元 小天贡肆百元

组委　杜同海 张枝群 李红秀 曹树枝 曹满仓 牛拴群 王云章 徐怀福 秦彦真 张来有 曹福成 李喜英 王志平 王龙枝 刘海有 张双喜

撰并书　宋枝群 镌工元锁成

公元一九九六年农历二月初二日立

恢复二月二古庙会碑

6. 碧霞宫《重修九天圣母庙记》　　1996 年

潞城县南贾村九天圣母碧霞宫，据历代碑记载仅有重修，始建不详。据清代康熙年间残碑有如下字句：详阅历来碑记，尔时已不知其建自何代，始自何人，源流莫溯。据民间传说，先有碧霞宫，后有潞城县。而县志记载，隋开皇十六年，析刈陵县始置潞城县，距今一千四百年。该庙始建历史悠久，据现存重修结构，经县文物保护单位鉴定为元代建筑，距今已有七百余年历史。该庙系诸神聚会之地，方位坐北向南，为二进院落，中轴线从南往北依次有：山门，为三阙，其上有乐台，两侧分列钟鼓二楼，下有青石栏杆金水桥；中殿为碧霞宫，建造异常雄伟，艺术超群，别具一格，高九米有余，面阔五间，周十八柱，殿内神台有木制暖阁，雕工遒劲；后殿为元君寝宫；两廊分列十四座神殿，东廊从南至北马王殿、蝗皇殿、眼光殿、三嵕殿、六丁殿、东闫王殿，东角为三皇殿，西廊从南向北五瘟殿、龙王殿、子孙殿、昭泽殿、六甲殿、西闫王殿，西角为八卦殿。建造均系雕梁画栋，飞檐斗拱，各种雕塑神像一百二十余尊，有四海龙王驾像、元君走像，坐像走像逢重大节日身着蟒袍，坐轿赴会。坐像高五米，赤金铁面。木制暖阁上有鲁班板斧。蝗皇殿门轻推有铃声，猛推则无铃声，系一奇观。此庙虽经明清历代重修，惜今原貌残缺不全，为保存现存古老建筑，开发旅游事业，致富于民，于一九九五年春经市县同意在村委的大力支持下，群众集资部分资金，对现存建筑进行了全方位修缮，主要对后宫进行了精修，着色雕塑，现已竣工，将资助百元以上者特镌是石，铭载千秋。

捐资壹万元者 张枝群 杜同海　叁仟元者 王龙枝 曹全孩　贰仟陆佰元者 李喜英 牛义堂 王成枝 崔秋生 壹仟元者 侯五孩 王红章 韩余良 曹满仓 张跃进 靳建会 李红秀 张金堂

主持 张枝群　承办 杜同海　帮办 宋枝群　书丹 赵良俊　篆额 杜建堂

塑像 苑满法　着色 秦红中　镌工 元锁成　撰文 杜同海　领工 刘根成

仟元以下佰元以上者刻于碑后（略）

公元一九九六年农历四月初四日立

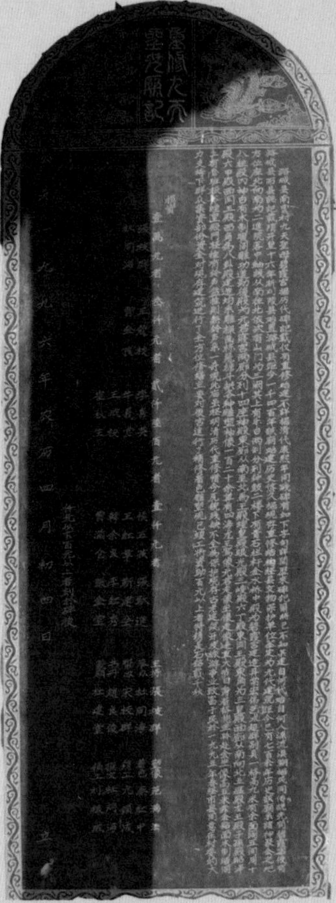

重修九天圣母庙碑

7. 玉皇庙《重修玉皇上帝庙碑记》 明嘉靖二十二年（1543 年）

重修玉皇上帝庙碑

大明国山西潞安府潞城县平原乡南贾村香老郭芳等谨发虔心，有本村牛聚才。玉皇上帝庙疏漏，会同本村等曹会，于嘉靖二十二年二月初一日起工重修翻盖，至三月初八日工毕，人口六畜安康大吉，留名万载于后。计开花名：

□□ 李□ 王锡 牛奈 常云 申廷贵 李洪 王得正 郭辅 秦宣 王宗禹 群牧所 牛公用 张建 曹廷臣 牛公相 秦朝用 牛仲世 刑世威 李经 张伦 牛公臣 王宁 郝仓 陈佑 郭子贤 张得禄 王朝德 牛天受 申锦 张才 史米 秦宁 王朝进 王仲仓 崔添禄

马疋通事郝受山 本县儒学增廩生员赵凤来 本村修庙僧法玉

本村木匠张文良 男张为 瓦匠刘有才 刘有奂 铁匠赵训男 赵雨

嘉靖二十二年岁次癸卯三月吉日立

玉工 段进科 董进孝 书写 牛经 丹青 刘朝用

8. 玉皇庙《祈雨灵验匾》 清乾隆五十三年（1788 年）

祈雨灵验匾

苍天施仁，固有资于地宝。迎地长养，要必待夫天成。吾村之祈雨于玉皇上帝者，早已屡经屡验灵兹。因六月忧旱，良苗已槁，恭请銮舆，敬祈神庥，同贾村两社于初七日白龙神洞取水，初八日踏边。未时作云，亥时甘霖普降，窃思帝心之布膏，实缘人心之有悟。曷萃群黎之精意，以答圣德之嘉庥。盖人心诚则帝心顺，安知不继此而时雨频施，报我士女乎？

故阖村敬志之曰：灵雨

乾隆五十三年岁次戊申七月崇道贾村合社人等敬立

9. 玉皇庙《重塑金身碑记》 2001 年

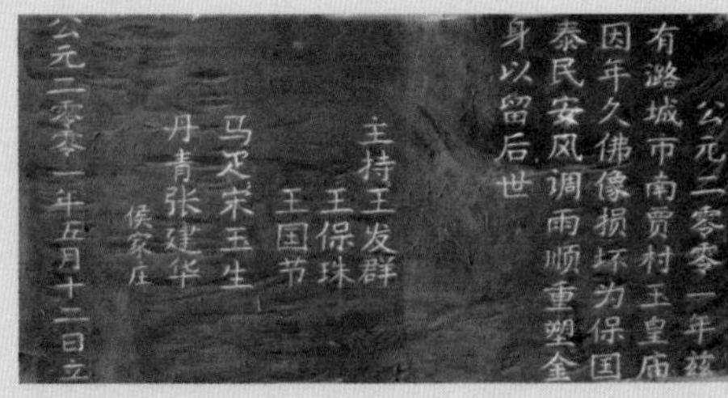

重塑金身碑

公元二〇〇一年，兹有潞城市南贾村玉皇庙，因年久佛像损坏，为保国泰民安，风调雨顺，重塑金身，以留后世。

主持 王发群 王保珠 王国节 马疋 宋玉生 丹青 张建华 侯家庄

公元二〇〇一年五月十二日立

10. 三元宫《潞城县南贾村重修三元宫碑志》 1997 年

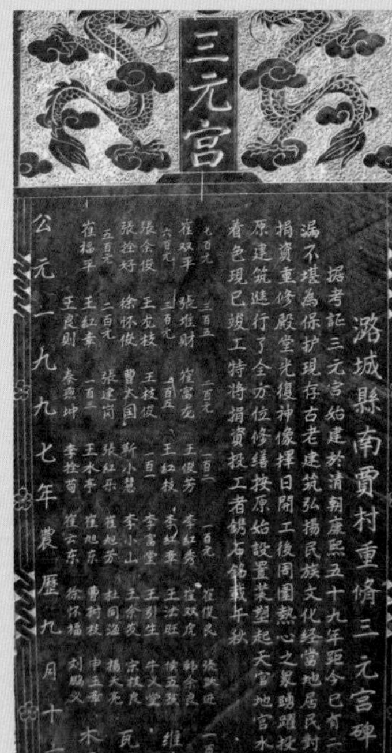

潞城县南贾村重修三元宫碑（局部）

碑额：三元宫

据考证，三元宫始建于清朝康熙五十九年，距今已有二百七十余年历史。因年久失修，破漏不堪，为保护现存古老建筑，宏扬民族文化，经当地居民对此慈善事业反复磋商，约定志愿捐资，重修殿堂，光复神像。择日开工后，周围热心之众踊跃投工献料，村委会给于有力支持，对原建筑进行了全方位修缮，按原始设置装塑起天官、地官、水官三尊神像，殿堂庙墙进行彩绘着色，现已竣工。特将捐资投工者镌石，铭载千秋：

七百元 崔双平 六百元 张双俊 张拴好 五百元 崔福平 三百五 张堆财 三百元 王龙枝 徐怀俊 二百元 王红章 王良则 崔富龙 一百五 王枝俊 曹太国 张建岗 一百三 秦燕增 一百二 王俊芳 王红枝 一百一 靳小慧 张红乐 王水亭 李拴狗 一百元 李红秀 李红章 李富堂 李小山 崔旭芳 崔旭东 崔云东 崔俊良 崔双虎 王法旺 王引生 王余发 杜同海 曹树枝 徐怀福 张跃进 韩余良 侯五孩 牛义堂 宋枝良 杨天亮 申玉章 刘鹏义 一百元以下者载入碑后（略）

维首 张拴好 张余俊 崔双平

瓦工 牛德俊 李黑孩 木工 崔福平 张朝选

塑绘 连进枝 南丰沟 连进峰 襄垣南丰沟 杨文生 桃树村

撰书 曹太国 镌工 王志明 黎城东骆驼

公元一九九七年农历九月十六日立

11. 祖师庙《整饬社规永禁匪类碑记》　　清光绪二年（1876 年）

整饬社规永禁匪类碑记拓片（局部）
山西师大戏曲文物研究所 / 提供

碑额：流芳百世

且社事之盛衰，关乎风俗。风俗之厚薄，系乎人心。南贾村古多善良，俗尚俭朴。故今村只立一社，自同治十年分为四社。将看秋看夏之费，四社各按地亩之多寡均摊，其余各立。各社奉行数年，而我北大社之规矩犹未尽善。今合社公议，酌立数款详列于左，欲为永远渊鉴。爰勒诸石，以垂不朽云尔。立碑石共花费钱伍千文。

派社首以公正之人殷实之户为额，若身家应管欲不管而不称即欲管而不得。社首分为十班，一班三人，每年以九月十三日新旧交接。新社首值年管理，旧社首帮办，挨次轮流。户人中日后有应管社者，即派入社内管事，不得推诿。社首中如有不公正之人，许公中裁出，免其搅扰。每年捐谷合社公议酌量多寡，捐谷之期以五天为止。或钱或谷，送社清交。如有过期来交者，每亩多加半升。禁匪类之流，或窃取财物，或借端讹诈，如系北社户人，即许来社指明，□约惩责，如有不受，社内禀官究治，以安善良。

邑庠廪膳生员王遇庚撰并书丹

五道头中地八亩楼行八遭 桑岭中地五亩楼行十五遭 香台上地十四亩楼行四十遭有零

头班 秦九斤 崔千祥 秦狗群 二班 牛保山 申秉仁 李福来

三班 崔魁则 崔富祥 秦小胖 四班 秦聚林 张四成 崔郭全

五班 宋小金 张五典 崔跣 六班 李泰来 崔遭则 申福锁

七班 卫万铭 张和顺 牛起富 八班 秦玉和 崔万年 戴元则

九班 崔峻 崔嵩年 秦壬辰 十班 秦玉林 张广发 李师有

维首等同勒石

大清光绪二年岁次丙子丑月既望谷旦 玉工 崔长命 申秉义同镌 住持 崔全则

12. 祖师庙《整修殿堂塑像碑序》　　1995 年

碑额：流芳千古

祖师威震北方，欲兴村民安。一九四七年神像遭损，殿堂作为集体粮库，达四十余年。在改革开放之大潮中，为弘扬民族文化，吾村东北区域居民对此项慈善事业，经过反复磋商，约定志愿捐资，整修殿堂，光复神像。捐资者壹佰户，计肆仟陆佰元，达碑记线者六十九户。择日施工后，周围热心之众踊跃投工献料，村委会给予有力支持，完善了基础设施。按原始设置装塑起祖师、桃花、周公三尊台像，增塑龟蛇落地立像两尊。竣工后，邀曲艺团演唱三日，嘉贺开光。立此碑志，铭载千秋。捐资花名：

捐资贰佰元者 李喜英 刘海有 李小狗 崔俊良 秦功良　捐资壹佰元者 李红秀 张枝群 王志平 王龙枝 杜同海 王平孩 牛义堂 申海松 王红章 周全有 崔俊生 赵良俊　捐资伍拾元者 曹树枝 张来有 曹满仓 王成枝 宋天喜 李红章 王太红 张腾国 耿毛友 徐怀俊 崔双平 杨枝俊 崔秋生 王俊学 曹志刚 秦连忠 秦连顺 赵志强 王庆全 崔双良 王根堂　捐资叁拾元者 牛栓群 王云章 王法旺 王过龙 李富堂 曹红章 张余金 张堆财 王红枝 张起枝 李云生 秦保庆 宋群旺 曹建仓 宣　林 秦海龙 戴成俊 赵小丑 王小红 崔志贤 李海斌 宋全保 朱安根 卫延波 梁连群 秦保太 周天顺 周长有 杨俊生 张福刚 宋瘦仁

王小刚赠秦民乐一场　捐资拾至贰拾伍元者三十二户

维首人 刘海有 赵良俊 周全有 崔俊生 张来有 仝勒

笔文赵良俊　石工靳过明　塑工宋虎则

公元一九九五年五月一日

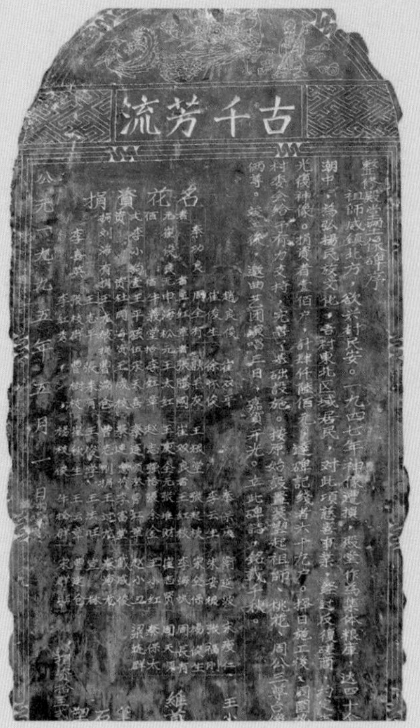

整修殿堂塑像碑（局部）

13. 三大士庙《重□三大士记》　明崇祯十六年（1643 年）

尼父云：鬼神之为德，其盛矣乎。夫鬼神胡为，而盛也大。要一诚之理，隐显于（阙文）土开宗沙门，演教万禅，莫掩者欤？问宅居奚在，则曰通慧作门，慈悲作室，询骨肉（阙文）度为母，法喜为妻，暨及菩萨乘大愿船住彼生死海中，呼引众生咸登觉路，凡有血（阙文）不尊亲也。噫嘻！不生不灭，菩提开智慧之花，无爱无忧，优钵结因缘之果。虽佛名诸（阙文）胜纪而钦崇瞻仰者甚称三大士焉。猗欤休哉！潮音垂象，寻声救苦，故竹影瓶形，俾人（阙文）羽而凝眸合掌者，时不辍也。文殊立前三三后三三之语，则龙蛇不能以杂居。至于位（阙文）圣弥满三千，普贤德行岂其诬之。繇是在必有祠，祠必有祀，馔供伊蒲，香燃紫茸，蜜益足（阙文）道之万一哉。潞邑南贾，古有观音堂三楹，尔来年月永久，风雨圮颓，神难依矣。耆老曹（阙文）、王承试等一乡之善人也，实心恻焉。纠里众而相商，各捐己赀，共成圣事，备插朋，兴丹青，云（阙文）庙貌为之重新，于前更有光耳。将见神人胥□，幽明咸腾，保兹方土，助流休明，斯亦一隅之（阙文）举矣。迨夫两建楼台，各悬钟鼓，置山门于阶头，设僧房于庙侧，爰以嗣后日之善士云。予（阙文）为之记。

皇明崇祯十有六年岁次癸未嘉平月朔一日辛酉

潞安府郡庠增生赵杏杰撰　潞城县（阙文）生王者作篆

抚（阙文）生王家壝书　（阙文）思孝曹（阙文）

重□三大士庙碑残石　王馗 / 摄

14. 三大士庙《为香烛之用置东郭地九亩》　　清乾隆五十七年（1791 年）

为香烛之用置东郭地九亩碑拓片　山西师大戏曲文物研究所 / 提供

诗有之：神之格思，不可度思，矧可射思。盖言神之为灵昭昭也。婴城之西南十里许有南贾邨，邨之西观音堂在焉，不知建自何代，始自何人。奈庙无积聚，祀典多旷，殊非敬神如在之理。于是附近居民有乡耆王德才等，同心协力，合随神社，置到东郭村中地九亩以为香烛之用。庶祭祀以旹，而神之灵爽于焉来格矣。谨序以志其事。

王帝丰 王征庸 王德才 王玉山 王贵山 王维山 王牛山 王马山 王凤仪 李富 王晶才 王锁长 王习武 王习礼 王克俭 王克勤 王克敏 杨廷海 王起元 杨廷柱 王起楼 王起京 王起化 王继蕊 王弼

本村处士曹文芳沐手撰并书　玉工 崔恒身

大清乾隆五十七年岁次壬子巧月立

15. 观音阁《重修观音阁复塑佛像碑记》　　2009 年

重修观音阁复塑佛像碑

碑额：流芳

潞城南贾村观音阁位于村中东，是佛教建筑最高点。事失记载，不知其建自何代，始自何人。经世久远，风雨摧残，年久失修，佛像俱已残毁。二〇〇二年曹满仓、张余俊、申枝俊等抢修中殿南东配房，二〇〇八年延请丹青妙手将残毁之佛像真身重塑，二〇〇九年三月装塑完迄，开展神光，远近焚香者无不争先乐睹。现将资助百元以上者特镌石铭载千秋。

曹延俊叁仟元　李红秀壹仟贰佰元　王俊方壹仟壹佰元　崔拴牛壹仟元　杜同海伍佰元　牛满库叁佰元　卫前秀贰佰元　刘德俊贰佰元　曹满仓贰佰元　孙来贵贰佰元　壹佰元（略）

主持 曹满仓　承办 杜同海　塑像 连晋枝　撰文 杜同海 曹太国

公元二〇〇九年岁次己丑孟夏月立石

16. 白衣堂《重修白衣堂碑记》　民国五年（1916 年）

重修白衣堂碑（1916 年）　王馗 / 摄

尝思莫为之前，虽美弗彰，莫为之后，虽盛弗传，古有牛、靳、屈三姓。白衣大士宫不知建自何代，始自何人，但世远年湮，风雨摧残，南北两廊悉就倾颓，惟有基址存焉。又有社田数十亩，尽被强豪霸耕，社事废弛，整顿无人。幸有乡耆屈过计在庙鸣钟聚众，当场公议，欲事重修。苦无其资，遂将社地一律并追还，按亩捐钱，刻日兴工，不三月而功成告竣焉。兹故略述颠末，并将各地之座落亩数，俱勒于石，以垂不朽。此虽由士庶善量之广，亦以见大士之精灵，有以悚人心于无涯也。作庙翼翼，咸与维新，猗欤休哉。是为记。

道口理中地四亩楼行十二遭。东川理中地五亩楼行五遭。王宅理中地五亩楼行十一八遭。桑岭理中地三亩楼行八遭。五道头中地四亩楼行四□遭。东郭村中地四亩半楼行四遭二去。东渠头上地四亩楼行东西头十一遭一去□遭。

师范养成所毕业生王培明撰并书丹

督工　屈过计　维首人　牛庭兰 靳仁祥 牛□桂 牛黑狗 牛土山 靳和兴

大中华民国五年岁次丙辰桃月下旬仝立石　羌城村郭镇方刻

17. 白衣堂《重修白衣堂碑记》　2009 年

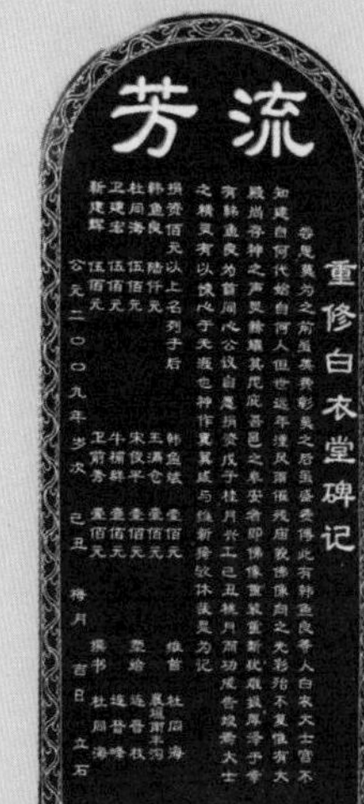

重修白衣堂碑（2009 年）

尝思莫为之前，虽美弗彰，莫为之后，虽盛弗传，此有韩鱼良等人。白衣大士宫不知建自何代，始自何人，但世远年湮，风雨摧残，庙貌佛像向之光彩殆不，惟有大殿尚存。神之声灵赫耀，其尼庇吾邑之阜安者，即佛像重装重新，犹难扱厚泽。幸有韩鱼良为首，同心公议，自愿捐资。戊子桂月兴工，己丑桃月而功成告竣焉。大士之精灵，有以悚人心于无涯也。神作翼翼，咸与维新，猗欤休哉。是为记。捐资百元以上名列于后：

韩鱼良陆仟元　杜同海伍佰元　卫建宏伍佰元　靳建辉伍佰元　韩鱼斌壹佰元　王满仓壹佰元　宋俊平壹佰元　牛补群壹佰元　卫前秀壹佰元

维首 杜同海　塑绘 襄垣南丰沟连晋枝 连晋峰　撰书 杜同海

公元二〇〇九年岁次己丑梅月吉日立石

18. 崔家堂《潞城县南贾里二甲崔姓家庙碑记》　清嘉庆十四年（1809 年）

碑额：昭垂万古

且夫古佛堂由来旧矣，先祖建立已非一日矣。仰观正殿，乃重修也，俯视左右，非昔景象，南北廊房，屡次经营，山门房屋，渐积修理，方使当日焕然维新，寔先祖之令德也。迄今百有余岁，风扫雨湿，几经圮敝，绸缪补葺，理宜最急。所可恨者，无现预备，难济其事。地八十余亩，钱二百有余，皆在户族拖欠，不知收敛趋事，诚有愧于先人也。故今合社户族人等通共公议以约，诸事欲壮庙宇之耸观，以绍先祖之令德，务复当日之盛治，不愧将来之继述。庶可以列碑记云：凡事同共公议，不得私办，如有私办，各算己钱，社内不算，货物不得取回。旧欠不交，不得收钱，管事租地如有强者，立地清完旧欠。租地要有文约，收钱亦有文约，不得自便空取。旧欠家无过度，立注碑文，家有过度，不注碑文，不得比例同注。交班每年定于十二月初八日，交过期一日罚砖一百，按日照罚。交文约每年定于十二月初十日，交钱定于二月十五日，交过期不得强种。立碑以后，永不立欠单，每年与维首人清算，不得拨账兑户，空口接应。诸事有绞乱不遵规矩者，一并同官究治，花社内钱，维首不佃。交旧欠钱数十千以上者，限五年交还清完，十千以下者一时清完，不得比例。

大清嘉庆十四年正月吉日立 又将地亩欠户开列于后（略）

潞城县南贾里二甲崔姓家庙碑

19. 秃奶奶庙《创修碑记》　　2005 年

碧霞宫护神使者，乃靳府门张氏名石花也，被二仙奶奶封为民间封号神侍，号称秃奶奶，知名方圆百里之遥。侍童秃奶奶于壬申年一八七二年东方杜将军圣诞之日异时降世凡间，玩童时期善心静性德真心修炼，于甲申年观音菩萨圣诞之日，碧霞宫仙奶坐坛查视，点纳为神侍。静修顺延，至丙申号年六月观音菩萨成道之日受戒正修行俸碧霞宫宫殿内，封为引路侍童。秃奶奶行居宫殿内，中心俸仙，自身淡化享受，消除财欲之念，口中唱阿弥陀佛，自行行规戒律。受神奶重托，徒步行善消灾，测报天时，转变惩邪，扬德颂善，唱佛鞠躬尽瘁。于顺号甲申年正月二十四日盘坐碧霞宫殿蝗皇殿，脱俗正果，升天成佛，元极七三岁卒终，由本山脉之村长李忠库主持承葬建庙，本村庙岸地安俸，本山脉臣民永记颂唱。顺至二○○○年庚辰三月十九日，由靳府门后孙主持捐资建庙（奄堂）行俸，又于二○○四年（甲申年）三月十九日敬之坐莲神像尊俸。

三百元靳福来　一百元曹树枝 张金堂（砖九千块） 牛元庆　五十元李存苟 崔俊良 宋老三

三十元李红秀 李大堂 靳建慧 韩余良 李金虎 牛满库 牛义堂 曹严俊 张跃进 牛四虎 曹满贵

李胡平 王龙枝 崔来奇

主持人本门之后靳福来　筹办者向友权 张金堂 崔俊生 王过海

文书向友权 塑像张建华

公元二○○五年古历三月二十九日立

创修秃奶奶庙碑

附录贰 题壁

贾村三大士庙戏台题壁　　清宣统至民国

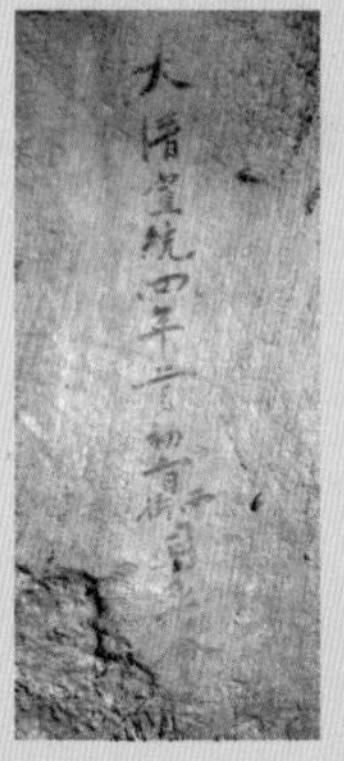

大清宣统四年二月初二日西街司乐会

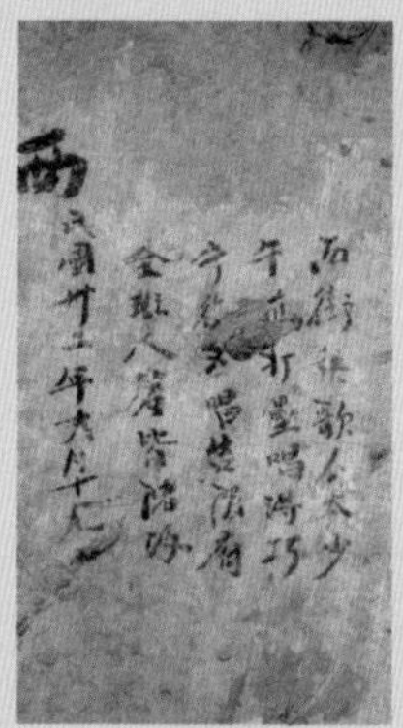

西街秧歌人太少，午前打擂唱得巧。
午后又唱告阴府。全班人等皆□□。
民国卅二年贰月十九

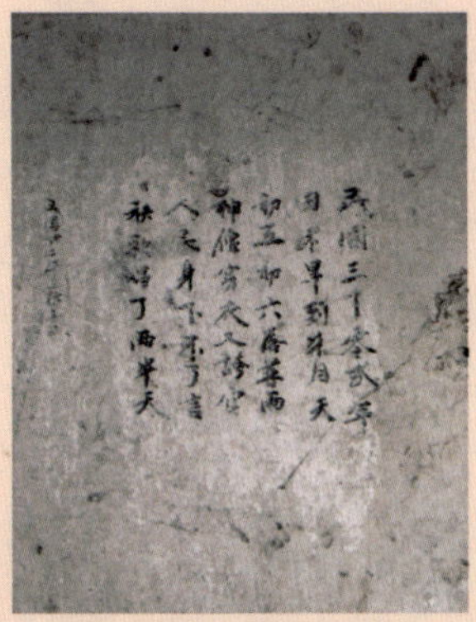

民国三十零二年，田禾旱到柒月天。

初五初六落普雨，神像穿衣又夸官。

人民身下不了言，秧歌唱了两半天。

民国卅二年三伏□□

小天贡村关帝庙戏台题壁　　清道光至民国

玉成班

林字□ 九连山 大佛山 广武山 长沙坡 龙头案 打桃园

骂殿 豆腐 打皂 剑柴 钉红 下书 来妻 包姓 进府

大清道光四年

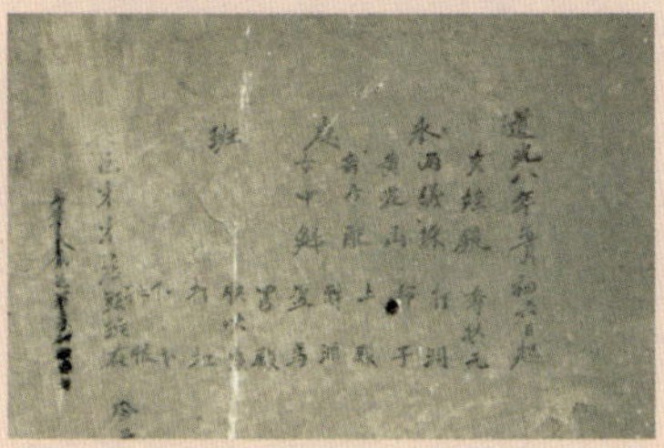

永庆班

女娃镜 两仪珠 黄花山 奇合配 女中魁

夺状元 打洞 邦子 上殿 醉酒 盗马 骂殿 快火焱 打杠 下本 扯慌

长邑宋家庄头班在

道光八年五月初六日起

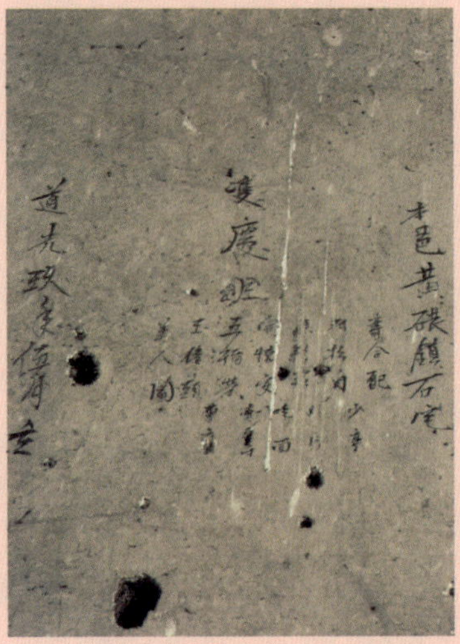

双庆班

本邑黄碾镇石宅

奇合配 □□关 □影□ 闹怀安 五福荣 玉搔头 美人图

少亭 □马 吃面 卖豆腐 曹□

道光玖年伍月立

崇道张宅五云二班

□龙传 □□院 □□桥 □州 龙虎鱼 玉搔头 赐福 别母 乱箭

观灯 过河 白子桥

本邑西天宫申娃则抽笔画

道光拾贰年

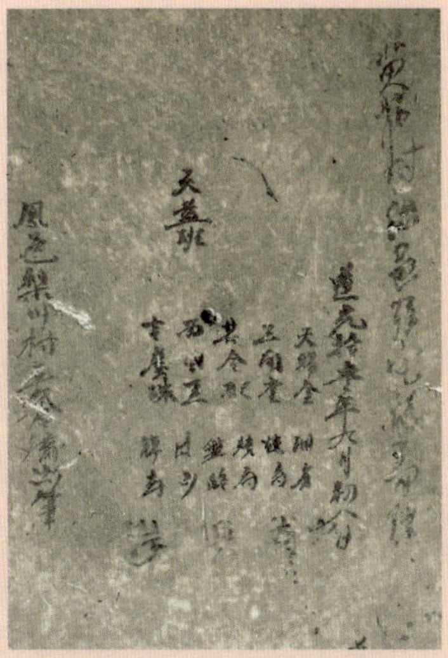

天益班

天赐金 三开堂 其合配 □□□ 吉庆珠

洞房 □□ 烧府 盘路 过少 □寿

凤邑梨川村□□满拙笔

道光十三年九月初八日

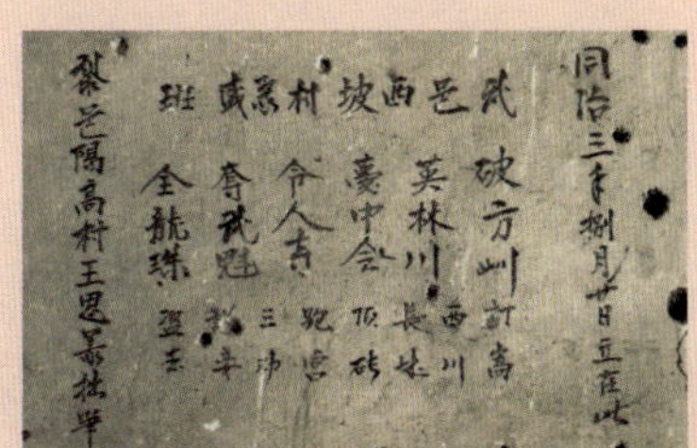

武邑西坡村聚盛班

破方州 英林川 梦中会 令人寺 夺武魁 全龙珠

打嵩 西川 长林 顶砖 跑宫 三劝 说妾 盗玉

黎邑阳高村王思美拙笔

同治三年捌月廿日立在此

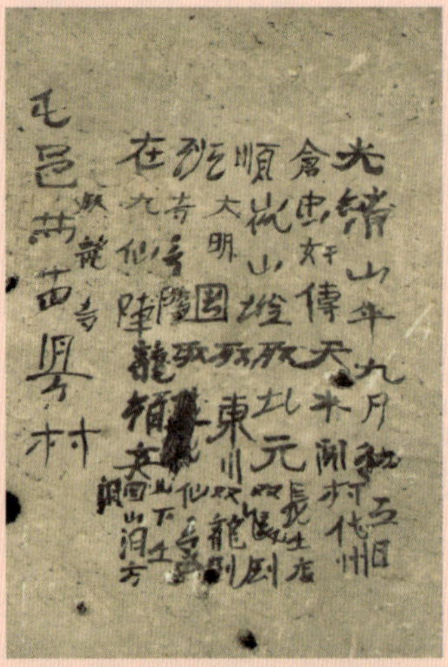

仓顺班在

光绪三年九月初三日

忠奸传 崔山□ 大明□ 告□□ 九仙阵 铁龙寺

天水关 取北元 取东川 取□□ 龙□□

打代州 长生店 双□□ 双龙□ 仙□□ 七下生 □□方

屯邑共十四县村

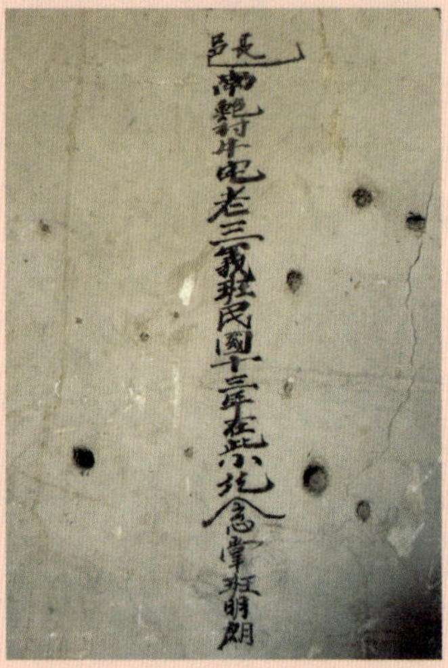

长邑南鲍村牛宅老三义班民国十三年在此

小圪念掌班明朗

公议会

民国叁拾年立

新正月贰拾五在此唱戏三天

潞邑郭村前社公议会记

戏子名 老生张奎富（小辛庄一名） 须生李中则

正旦马迷亥 花旦李全支

小生李赛堂 三花马贵则

郭村堂班马过忠

公议会演

三疑计 金钗计 珠环计 布袋计 双凤簪 双许亲 破潼关 太山图

白玉锁 日月图 当皮箱 鸳鸯帕 大观花 瞎观灯 插环连 大骂街

长治小辛庄傅根则抽笔

潞邑郭村前社关帝社公议会

民国三十年新正月廿五日在此

附录叁 仪文

赛社类

正殿下请状

夫香者，新香一柱，神义遥开。采焚金炉之内，霞飘玉殿之中。紫气盘旋而腾空，雾外朦胧而布远。上观天宫，下临凡世。伏惟尚享！夫酒者，祭天地，只将酒献为先贺。皇恩可当，清罇为上。酝山中之玉液，造洞庭之琼浆。李白一盏，高卧长安之中；陶潜三盏，争艳五柳之妆。莲花白佳味无比，竹叶青美色难伦。降杯达神祇而下降，执盏伺圣驾以来临。同宫配享，致祭威灵。社众虔诚，来格来歆。伏惟尚享！

土地庙下请文

夫香者，惟通三界，道达九天。上献三天之大圣，下通四海之神王。愿彼高真，俯乘朗鉴。伏惟尚享！夫酒者，夷狄传授仙方，杜康造下美味。古往今来，祭祀筵宾。闻之者，香馨十里，饮之者，醉卧三春。金钟再酌，玉斝重斟。降杯谨祭，上奉尊神，社众虔诚。

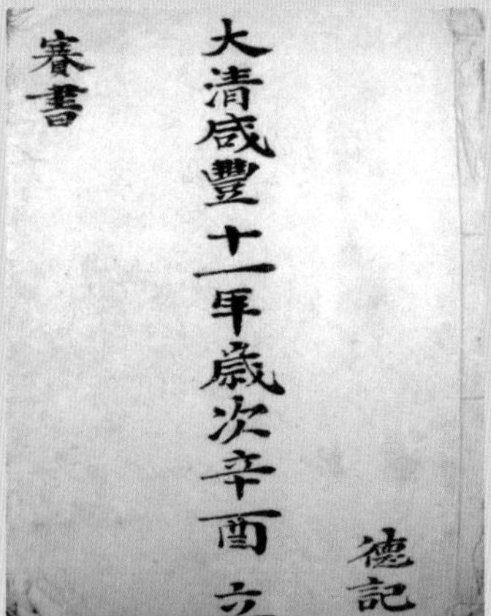

咸丰十一年《赛书》 杜同海 / 提供

迎神文

夫香者，阴阳不能造化，天地难以生成。视之而不见其形，听之而不闻其声。上达三天之圣众，下通四海之神明。其功莫测，其圣难量。今奉一炷之真香，假作他方之远信。谨献金炉，馨闻于蓬莱三界；上焚银鼎，气达于碧落天宫。伏惟尚享！伏以香焚宝篆，便通于三界十方；酒酌金樽，各呼于千真万圣。仰迎仙伏，早降凡尘。敬陈菲薄之仪，少答生成之造。谨以虔诚。伏以真风才动，圣驾来临。布三天之瑞气氤氲，仰六合之祥云缥缈。界临法席，愿饮蝼蠓之诚；聊备牺牲，仰答神恩之祐。谨以虔诚。

起身文

伏以尊神，炉焚香消，威灵已动，云路迢遥。早乘驼舆海马，元情瞻仰。乞赐神力加鞭，敬请诸神俯从迎道。

圆神处文

夫香者，出自凡情，产于异地。焚之者切要精严，侍之者无生怠慢。凡俗愍懃祀圣贤，只将香信最为先。原非兰棠并茅藿，本是沉檀与降芨。宝鼎焚时呈瑞彩，金炉爇处起祥烟。合社下民心当谨，沐手坛中着意然。神其不昧，昭格无涯。伏惟尚享！自古神仙，造下将来。祭祀筵宾，酿成美醇。传夷狄之奇方，酝就香醪；得杜康之妙法，能扶衰老，善助英雄。酒里有悟道之门，杯中有登仙之路。满斟玉液琼浆，接引千真而下降。杯酌清香卮酒，奉邀万圣以来临。普伸上供，致献神祇。社众虔诚。

山门外下马文

伏以尊神，动劳圣驾，屈降凡尘。诚心遥空乞请，不胜屏营之至。伏望尊神，暂脱玉镫，款离金鞍，请诸神下马。伏以迎接诸神，请诣行宫。聊备薄酌，祭献神明。驾龙车宝马而降会，乘凤辇鹤辂以来临。伏望尊神，暂离宝鞍，请诸神下马。伏以尊神，同宫配享，不弃凡情。请诸神早降瑶阶，乞众圣须登宝殿。伏望尊神，离鞍下马，俯从迎道。

安神文

伏以明香一炷，千里遥闻。东方甲乙，展开山水之图；南方丙丁，摆列鸾歌凤舞；西方庚辛，卷起夤沉之帐；北方壬癸，高悬清翠珠帘；中央戊己，朵朵天花乱坠。铺陈绫锦绣褥花毡，凡俗未知圣位尊卑，伏乞诸神论职而坐。社众虔诚。伏以龙车暂降，凤辇初开。感劳诸神而降会，伏愿圣意而开怀。东海日出金乌，西台蟾光玉兔，南观万象森罗，北望鸿门斗宿。上有天河雨露，下有黄河九曲。琉璃砌地，耀日光辉。筵前洁净，器物新鲜。社众虔诚。伏以炉燃十味，鼎焚百和。三达上天之圣众，下通四海之神灵。谨请诸神降于祭所，尊者上位正坐，卑者下位升临。敬陈华筵，同宫配享。社众虔诚。

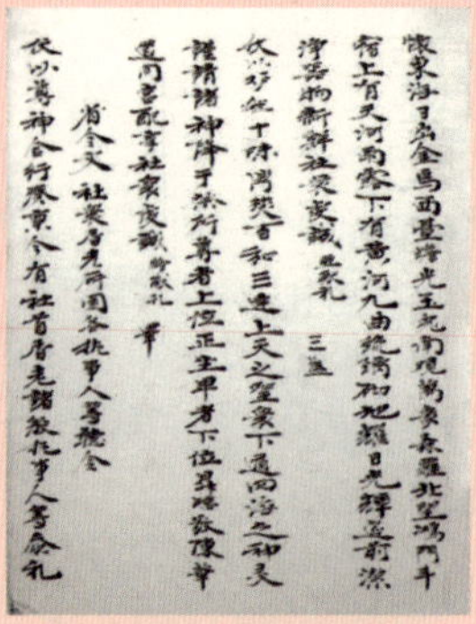

《赛书》省令文　杜同海 / 提供

省令文

伏以尊神，合行奏禀。今有社首、香老、诸般执事人等参礼已毕，叩于阶下，听命打躬，须当省令。今者下民修龙亭而祭献，设香坛而奉神。华筵已展，绣幕皆齐，执事摆列，伞扇张轮。正香老当前谨敬，众士民各要诚心。厅上厅下，神前神后，社首左右，各局诸般执事人等，各要斋戒，沐浴净身。凡且大小祭祀，早晚须要尽诚。有其诚必有其神，无其诚则无其神。同心协力，侍奉尊神。凡在几席之间，谨守礼法，勿得非言苟且，衣冠整齐，勿得蓬头垢面。往来有忠信之言，出入无暴慢之气。只当谨心，不可亵渎。若不预先省令，唯恐触犯天颜。虽目前不降于阳愆，过后必加于阴谴。为此省令，愍懃慎行。

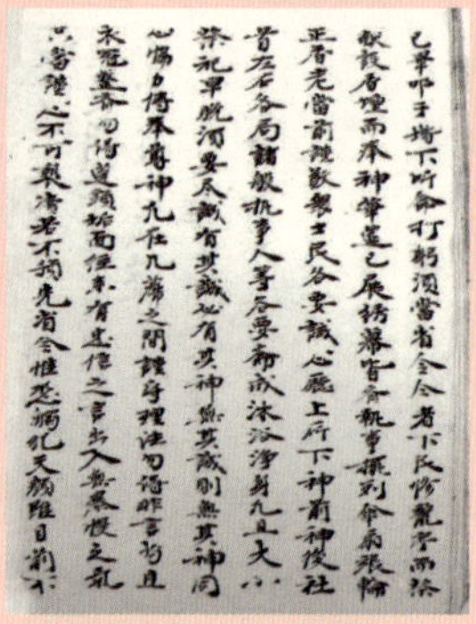

《赛书》省令文　杜同海 / 提供

省乐令

伏以尊神，合行奏禀。今有乐人参礼已毕，叩于阶下，听命打躬，须当省令。掌乐之人，前行后行，须要管理。男女整齐，各要精神。衣帽新鲜，鼓乐齐备。男记四十大曲，女记小令三千。谨按五音，宫商角徵羽，又按八音八乐，金石丝竹匏土革木。按词章而动起鼓乐，依宫调而歌舞和音。院本、杂剧、队子、词曲，早不动商调，晚不动黄钟。早动商调，神灵不悦，晚动黄钟，不敢奉神。早晚奉神，不可差乱。各要诚心，切莫怠慢。坛上掌握之神，明明监察是非。神前书表之司，暗暗启奏善恶。为此省令，愍懃慎行。

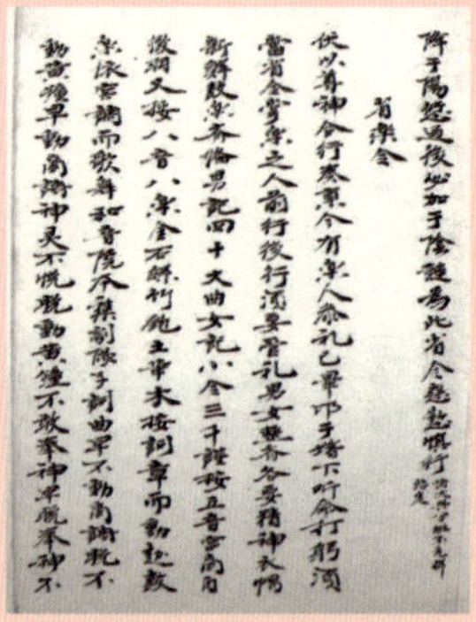

《赛书》省乐令　杜同海 / 提供

念香文

伏以炉燃十味，愿神祇而下降。鼎焚百和，乞众圣以来临。香焚一炷彻天宫，通灵达圣秉丹诚。乾坤照处根株茂，雨露垂时枝叶荣。馥郁烂烟通圣意，氤氲瑞气达神心。今奉祭祀恳懃献，降福留恩自不穷。惟神不昧，既右享之。尚享！

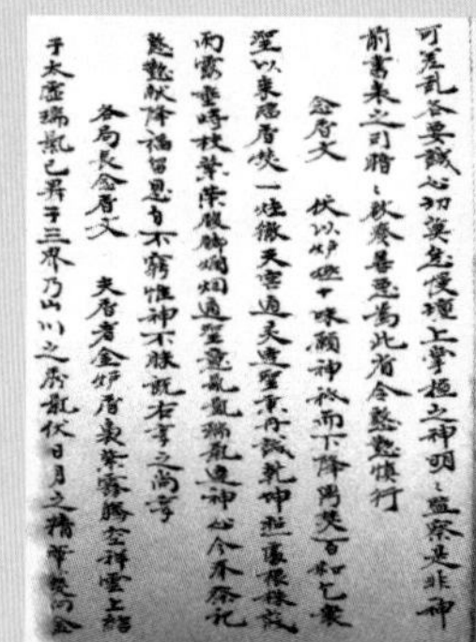

《赛书》念香文　杜同海 / 提供

各局长念香文

夫香者，金炉香袅，紫雾腾空。祥云上结于太虚，瑞气已升于三界。乃山川之秀气，伏日月之精华。爇向金炉，焚于银鼎。上通霄汉，下彻云乡。长在蓬莱仙界，住在海岛山中。谨焚宝香，虔诚拜请。神明既已到坛，受陈香案。伏惟尚享！

省局长令

伏以尊神，合行奏禀。今有膳夫参礼已毕，叩于阶下，听命打躬，须当省令。自从盘古初分，伏羲以来，原有肴馔，始立庖厨。每逢祭祀之辰，戒酒断淫，沐浴净身。切莫怠慢，着意谨心。变生造热，务要精鲜。凡入厨司，必先净手。临于锜釜，提防咳嗽。合用器皿，洗刷洁净。造食者，闭唇胶口，作馔者，仰面低声。盏用爨趁，谨依食次。烹蒸各物，五味调和。造成品馔，堪为供养。若不省令，唯恐系毫之招愆惹罪。他未知人已先知，人不见而神先究。为此省令，恳懃慎行。

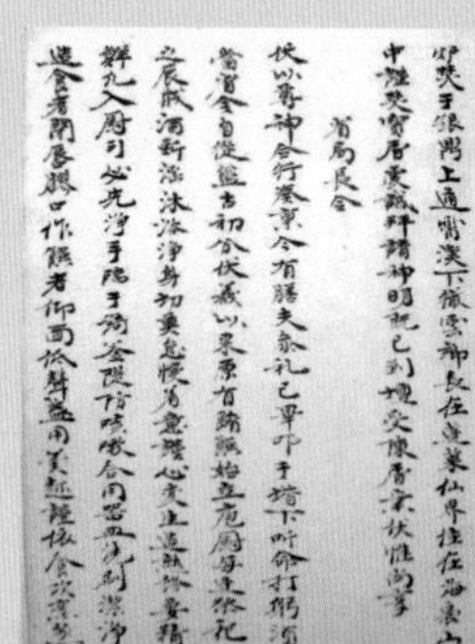

《赛书》省局长令　杜同海 / 提供

送阴神文

伏以阴尊其仁，日暮沉昏，茶寒酒冷，食至香消，不敢久留圣驾。合行奏禀，愿离香案，赴寝仙宫，下民无任虔诚之至。

众神归寝文

伏以斗柄玉移，日转金波。筵前食残酒冷，案上烛灭香消。久屈众圣，启神出席。伏望尊神，各归寝室，下民无任虔恭之至。

报晓文

伏以东方才白，阴气归分，出队子才来，报晓金鸡罢。各鸟啼钟玉，美人方才苏醒。感皇恩，伏乞照鉴，下民无任虔恭之至。

放生文

物外灵禽照碧天，笼中拘鸟几多年。今逢圣降蒙恩宥，赦放天堂化飞仙。

开寝出户文

伏以尊神，圣驾遥远，俗意难通。凡尘祷告，伏乞金炉已开，伏望尊神而离寝，下民无任虔恭之至。

请诸神出寝文

伏以尊神，昨夜日暮，送于寝室，今者华筵再展，绣幕重陈，复请尊神，愿离仙境，早降龙庭，同宫祀礼，请神尚享！

盥漱文

伏以金梳钦献，照耀珊瑚之影。玉笼上陈，动献碧霞之光。神鬟彩结于瑶台，圣容重整于天府。紫气辉煌，仪招炳焕。下民无任虔恭之至。

执水盆文

伏以江汉清波，堪濯圣天之表。诃源倒浃，掬浴圣瞻之容。清泉无异于岷嶓，圣意垂鉴于江海。万籁万鸣，金标自著。下民无任虔恭之至。

请寿文

伏以天垂象而示众，人观象而知天。昨夜星临，知神明之应瑞。今者圣降，晓南极以呈祥高真，俯垂天星降临。社众虔诚。伏以凡音俗礼，那堪又视高真，圣境仙宫必有长生异品。烦劳圣驾，敢望洪恩，伏乞星君，早登仙路。社众虔诚。

送寿星文

伏以尊神，香消宝鼎，烛尽银台。筵中茶寒酒冷，案上食馔消疏。神无常享，圣不久留。今献金纸银钱，权作酬恩微礼。奉送尊星，上升碧乐天宫；饯行高真，归于华堂玉殿。来时降幅，去后留恩。社众虔诚。伏以尊星，上登云路，凤辇升腾。望星君而欢慰，乞南极以留恩。家家添寿，户户安宁。下民虔诚，降杯饯行。

抛太阳文

夫香者，出自仙山，来从广海。氤氲于宝鼎之中，瑞气于金炉之上。欲通圣意，须降香坛烟。伏乞灵明，俯垂歆享。入坛上香。夫酒者，造成瑶池玉液，酿就紫府琼浆。能添壮士胆，善解锦绣肠。饮百杯而寿延千岁，沽一醉与天地年长。此酒可献尊神，特来奉酌，伏乞饮享。

祭风文

夫香者，香烟霭霭，能舒造化之恩；瑞气纷纷，善别阴阳之正。檀藿焚鼎，通圣众降真，献炉达神明。神乎神乎，来格来享，入坛上香。夫酒者，俗呼玉液，道号流霞。贵者，米麦之津，尊者，长生秘诀。一杯竹叶穿心过，两朵桃花上脸来。无任虔恭。

抛太阴文

夫香者，香烟起处，神意遥知。上彻碧落天宫，下透黄泉地府。富商巨贾，不辞万里之徒劳；社众虔诚，勿吝千金之易得。焚献金炉，乞神尚享！夫酒者，琉璃钟琥珀，檀槽滴珍珠，一杯初献上。献一面之桃花琼浆，展放两眉之愁锁。此酒凡处难淌，当可奉神，无任虔恭。

送太阴文

伏以尊神，神仙景界，不夜长春，世俗光阴，才朝又暮。况以苹蘩之荐，多有食馔。荒疏草木，凡愚久屈真圣。夜筵已毕，暂离荒宴，归于寝室。下民无任，启神四拜。伏以尊神，香烟宝鼎，烛尽银台。迢迢玉漏更移，耿耿银河夜净。既终圣宴，有屈诸神。伏乞神祇，暂离宫殿，归于寝室。下民无任虔恭之至。

送众神文

伏以尊神，上登云路，回马升天。今者下民祭祀已毕，筵中茶寒酒冷，案上食馔消疏。莲炬烛灭，炉内香消。多有亵渎神明，不敢久留圣驾。伏愿尊神，来时下马之杯，去时送路之酒。社众虔诚。伏以尊神，虔送高真，以安尊位。龙旗绰约，引仙杖而诣清都；鸾驭飘飘，乘飞云而归碧落。谨献金纸银钱，以作酬恩微礼。蔡伦造楮，凿为邓氏之铜；周氏遗俗，以表今人之意。保本境风调雨顺，祐四方五谷丰登。送神上路，社众虔诚。伏以尊神，香消宝鼎，酒灌金台。神无常享，圣不久留。驼舆献以阶前，海马留于案下。天神驾凤辂，祥云上升碧落天宫；地祇乘宝马，香车归于华堂玉殿。满斟玉液，奉送尊神。来时降福，去后留恩。祈家家而乐业，保户户以安宁。社众虔诚。

日常生活类

鲁班祖师合同诸神表文　修造起盖神堂庙宇以及民间庶人修改立柱上梁

兹因本宅起盖某圣殿几间ム楼房几处，卜吉于今月ム日ム时上梁，正合ム星主事，天开黄道，三奇到位，斗母下照，吉星来临，惟神护佑，地脉兴隆，工匠取利，宅兆安稳。尚飨！

霜神娘娘表文　祭霜文

德分阴精，职司雪霜。幸夏麦之既熟，佑秋禾而登场。庶几大有之可望，感佩神恩之无疆。虔备柔毛一只，聊陈薄奠三觞。祈无怨而无恫，期我将以我享。右谨具表以闻。尚飨！

马牛王位前请表文

神灵有感，圣意非凡。今者奉请尊神初登宝殿，踏虚宫前赴本镜。奉设神局，以安神庥。神其有灵，来格来享。右谨具表。伏惟尚飨！

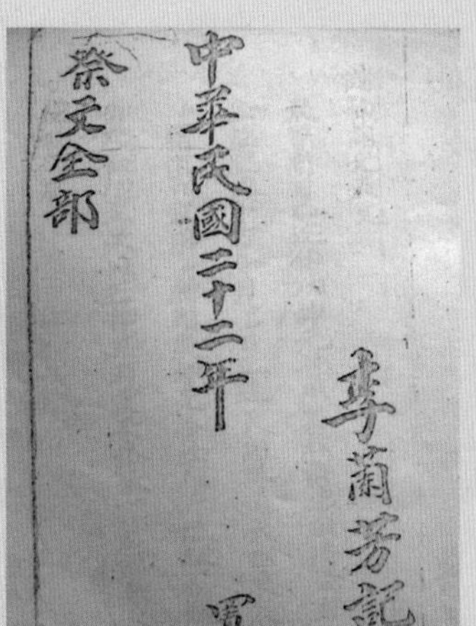

民国二十二年《祭文全部》　杜同海 / 提供

马牛王菩萨表文

德庇数庶，泽及群牲。阴护骍骝，三千来□。默佑大力，九十其犉。知恩有自，报答难酬。兹值ムム之期，恭逢圣诞之辰，洁陈不腆，聊答神庥。酬已往之洪恩，迓将来之福庇。惟愿水草均匀而无灾厄之疾，更欲牛马□盛而有茁壮之隆。岂不可效牧马于非子，贩牛于宁戚乎？合社人等于是乎共幸矣。神其有灵，来格来享。右谨具表。伏惟尚飨！

马牛王表文

威灵显赫，默佑万民。其耳湿湿，九十其犉。其角濈濈，三百为群。祈四季牛马兴旺，佑合境六畜亨通。歌舞礼拜，虔诚鞠躬。神之格思，鉴兹微衷。伏惟尚飨！

关帝同子孙表文

浩气塞天地，精灵贯古今。久沐神恩，敢不虔诚。而抒悃抚育遍群黎，恩及赤子。素蒙圣泽，敢不于豆而于登。醴酒虔设，庶酬无祷弗灵之祝，俳优恭奉，斯彰有求必应之名。致齐存乎一志，来格来歆，堂乎二神，神其有灵，来鉴微情。伏惟尚飨！

痘梗麻疹疮还愿文

神功默佑，恩敷天壤。小儿康泰，合家吉祥。功德宜报，敬择良辰。狠愿既酬，圣德日彰。望神有灵，来格来享。右谨具表。伏惟尚飨！

又表文

神功浩荡，保佑万方。婴童咸若，痘疮无恙。愚愚耿耿，感戴不忘。卜吉佳期，敬备郁鬯。圣母有灵，伏惟尚飨！

子孙嗣表文

克昌厥后，启我后人。有求必应，无祷不从。虔诚致祭，卜吉良辰之日，恭逢尊神之恩。爰洁酒醴，聊表寸心。右谨具表。伏惟尚飨！

又表文

德主广生，保彰乾坤。功颛大造，默佑万民。黎庶感戴，无可报答。虔备香烛讴歌之献，聊表下民毫发之心。右谨具表。伏惟尚飨！

广生帝君酬愿表文

维开国成家之圣，启燕翼诏谋之统。江汉化行，关雎载咏。保赤大德，民无能名。有血气者，莫不尊亲。于厶年厶月厶日或小儿小孙痘疹甚艰，吾叩祈厶尊神位前，遂至于今，疾愈有喜。今择良辰吉日，沐手焚香，敬献戏文，歌舞吹弹，虔诚致祭，聊表寸心。伏惟尚飨！

子孙嗣还愿文

神功无穷，蠡斯著美。圣德广运，瓜瓞呈祥。今逢厶厶之良辰，于豆于登，了结昔日口愿，以妥以侑，聊尽今日之虔诚。惟圣有灵。伏惟尚飨！

请子孙表文

保我桂子，何也不克。通神佑荫孙，随时皆曰施仁。既向神殿以恭请，欲临神棚以鉴裀。伏惟尚飨！

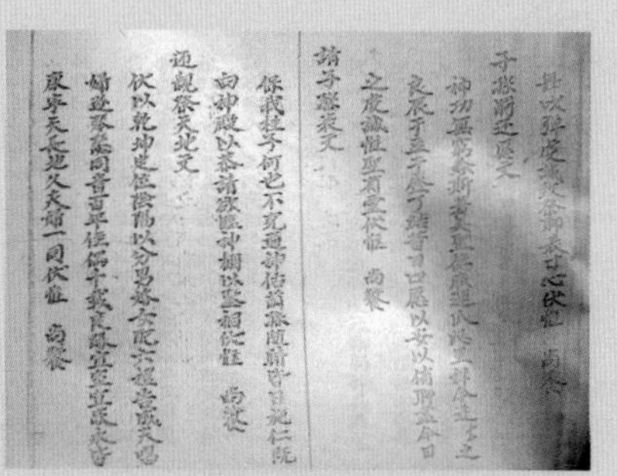

《祭文全部》子孙嗣还愿文等　杜同海 / 提供

迎亲祭天地文

伏以乾坤定位，阴阳以分。男婚女配，六礼告成。夫唱妇随，琴瑟同音。百年佳偶，千载良缘。宜室宜家，永皆康宁。天长地久，夫妇一同。伏惟尚飨！

五土五谷合境诸神表文

威灵显赫，恩膏无穷。保佑群生，感而遂通。幸逢三十六雨，喜得七十二风。万宝告成，应受无疆之福，百宝盈止，罔非造化之功。既有求而必应，宜感格而献优。故合村人等报答神功，敬备酒醴，虔诚鞠躬，神其有灵。伏惟尚飨！

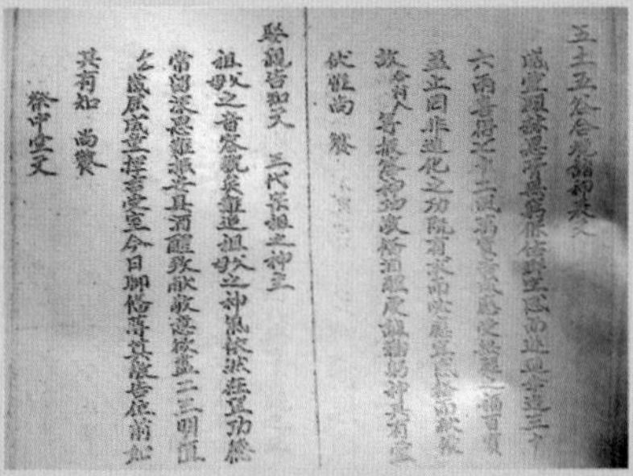

《祭文全部》五土五谷合境诸神表文等　杜同海 / 提供

娶亲告知文　三代宗祖之神主

祖父母之音容貌矣难追，祖父母之神气依然在望。功德常留，深恩难报。妥具酒醴，致献敬意，欲尽二三明。值ム岁届成童，择吉受室。今日聊备薄奠，敬告位前，如其有知，尚飨！

祭中堂文

皇皇堂中，职司无疆。迎亲设馔，报主虔诚。先灵入宅，永保吉祥。今请神主，宜设一觞。神其有灵，尚飨！

行奠告知文

呜呼！我祖贻谋无疆，年虽远矣，恩德难忘。木则有本，本固而枝荣。木则有源，源远而流长。明朝扶轮，窀穸□域。先期捧酒，布告祖堂。聊备薄奠，对越以将。尚飨！

行奠祭文

深念鞠育，恩情难报。回思劬劳，罔极无了。当亲之在时，不克供子职以言欢，值亲之没，候亦未奉含饭于终天。诚知吾父先游，虽贸易获万金，亦不肯向落阳而就食。今值就殓之辰，聊舒哀恸之将。尚飨！

行奠祭文

哀哀吾父／母，竟长往也。想音容如何在，思遗言而难忘。治家之勤俭，持己之端庄，应寿世于百年，胡然一疾而遽亡。呜呼！天夺善父，孰不悼伤痛，幽明之永隔，陈薄奠之一觞。尚飨！

祭后土表文

厚德载物，恩光无边。今值考妣迁彼牛眠，避凶趋吉，窀穸永安。伏惟神佑，俾无后艰，子孙荣盛，亿万斯年。山明水秀，长发其祥。卜云其吉，百世其昌。尚飨！

祭父母表文

哀哀吾父母，倏而亡亡。维子小子情切感伤，思昔在日，训子有方。光始孝□，恸切衷肠。出则衔恤，入则安住。终天之恨，罔极不忘。兹值殡期，宜设一觞。尚飨！

祭父母文

呜呼！吾父母命归黄泉，儿当昼夜睡不能眠。想父母之德，如阜如岗，想父母之恩，如山如川。哀声震地，哭泪连天。早晨沐浴，哭奠灵前。祈父母有灵。伏惟尚飨！

灵前祭文

哀哀吾父／母，生我劬劳。欲振深恩，昊天罔极。今夕／晨致告，肆筵设席，从兹别离，神游窀穸。入则靡至，出则衔恤。父／母有灵兮。伏惟尚飨！

祭棚文

借地起盖灵棚，恐有误犯尊神。即时奠祭，赖神默佑。棚则为用，避日遮风。作屋赉，缎作瓦儱。金屏画柱，亦奉先灵，敬备酒醴。诸神来闻。尚飨！

茔中祭祖文

痛吾厶之仙游兮，历乎数年。心凄怆以怵伤兮，竟欲见而无缘。今值我厶临窀兮绝哭，告于墓前，冀灵爽之不昧兮，庶陟降乎凡筵。尚飨！

祭中堂文

呜呼！吾祖父／母竟舍孙等而长逝，耶念其淑德固不堪悉指，有不胜仰天推心者焉。想其事父母也，以孝其相夫君也，以敬其持家也，有道，其教孙也，有方，阃内仪范无不周详。似此淑人，宜享无疆，胡天不佑，倏尔黄粱。聊备薄奠，来格洋洋。尚飨！

回灵祭中堂文

形归窀穸，神返室堂，临则在上，质则在旁，如闻忾然，惟予小子，曰笃不忘。尚飨！

回灵祭门文

职司启闭，濯濯之威攸昭，赫赫之声还著，善止匪人之来，克杜群邪之入。今者灵柩既掩郊外，幽魂宜返于堂中，恐冒进犯之愆，用神昭告之奠。尚飨！

回灵文

昨夕告虔，报灵輀之将驾，今晚致祝，祈幽魂之先容。马鬣既封于牛眠，灵气宜返乎堂中。有肴在俎，有酒在罇。神其不昧。伏惟尚飨！

祭门文 显考府君讳厶之神主

职当大门，分守晨昏。职司启闭，扫荡妖氛。陈菲奠敬，伏望高真。因丧出宅，而恐冲犯一切尊神，即以祭告。伏惟尚飨！

祭灶文

职司水火，位列九阳之尊。察人间之善恶，作上帝之耳目。普六合以沛泽，合四时而降康。今因厶音之家，安历有期，致祭神明。伏愿来格来享。尚飨！

回灵祭灶文

职司火德，合宅呈祥。吾父／母安厝，千古永康，灵回故居，岁享蒸尝。香烛祭告，佑我无疆。尚飨！

首七祭文

哀哀吾父／母，恩德难忘。忆昔在日，训有义子，淑身淑世，无德不全。宜享大寿，竟尔遽亡。兹当首七，薄祭一觞。父／母其有灵。伏惟尚飨！

告迁祭文

哀哀父／母，辞世多年。葬非其地，家道不安。死止相继，疾病连绵。路清堪舆，另择牛眠。谷辰既届，即日告迁。有酒载罇，有肉载笾。父／母有灵，鉴儿运艰。谨告。尚飨！

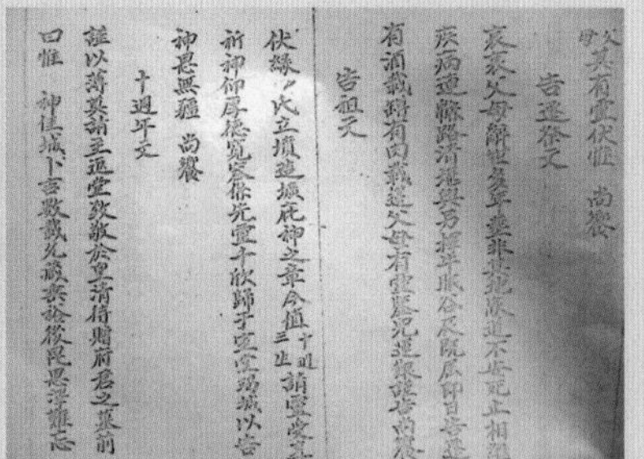

《祭文全部》告迁祭文等 杜同海／提供

告祖文

伏缘厶氏立坟造圹，庇神之章。今值十周／三生请灵受享，祈神仰厚德宽容，系先灵千欣归于室堂。竭诚以告，神恩无疆。尚飨！

十周年文

谨以薄奠，请主返堂。致敬于皇清，待赠府君之墓前曰：惟神佳城，卜吉数载，允藏垂裕，后昆恩泽难忘，今当明辰十周之期，妥备蒸尝丝觞，是献奠以琼浆，父／母灵不昧，来格洋洋。尚飨！

酒行初献文

神惟有灵，圣泽无疆。乐舞笙歌，钟鼓皇皇。将享妥侑，敬献一觞。尚飨！

酒行亚献文

忽而神兮，忽而灵兮。甘霖霏霏万民喜，神恩必报礼之宜。再酌清酒酬圣德。尚飨！

酒行三献文

享献虽云有尽，圣泽终望无穷。乐既和奏，三献更祝顺雨调风，那时方显神功。尚飨！

祭姑娘文

闺门谨严，能守不字之贞。持家勤俭，爱有女德之誉。惟吾姑娘，端容正肃，松筠节操。凡吾兄弟，无不受其规诫，即在乡党，亦属沾其恩泽。今值满七之日，谨具菜馔，聊陈侄心。姑娘有灵，尚其来临。呜呼尚飨！

祭伯叔及母文

嗟吾厶母，坤禀天然，淑柔慎行，恬静寡言，治家勤俭。孰及待人和易，谁先守闺中之规矩，为妇道之大贤，正宜享寿于百年，岂期遽梦于九泉。幽冥永诀，涕泪涟涟，灵其不昧，降鉴诚虔。尚飨！

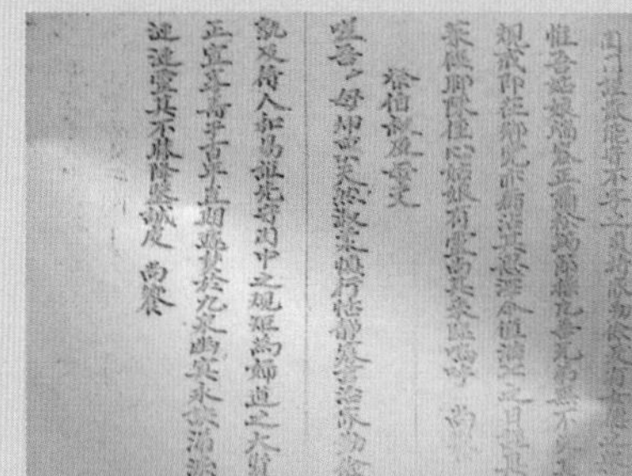

《祭文全部》祭伯叔及母文 杜同海 / 提供

后记

我对贾村和周边村子的了解和调研是从二〇〇六年开始的，至今去过多次，每次在村子里生活，都有不同的感受和收获。老友张欣提醒我，可把调研所得的图片整理出来，辅以一定的文字，以图文结合的方式讲述贾村赛社。在编排图像时，我希望图像本身呈现出一种含义丰富的叙述性，以避免图像附庸于文字，可惜我的能力有限，图片又总觉不够用，排出来的样子学术性和观赏性均有欠缺，请读者朋友多多批评。贾村杜同海先生慷慨提供了大量资料，尤其赛社图片，很珍贵。唐然女士提供了不少村落民俗生活照，这些照片拍出了『人』味儿，放在本书人卷正合适。王馗先生也提供了很重要的几张照片。山西师大戏曲文物研究所、孙俊士先生提供了碑文的拓片。老友张欣、人民邮电出版社胡萍丽女士为本书出版提供了大量帮助。家人为我静心写作，付出很多。一并于此深深致谢。

二〇一五年六月二十二日

图书在版编目（CIP）数据

南贾赛社. 人卷 / 后素主编 ; 王学锋著. -- 北京 :
人民邮电出版社, 2015.11
（并行）
ISBN 978-7-115-40441-1

Ⅰ. ①南… Ⅱ. ①后… ②王… Ⅲ. ①风俗习惯－传统文化－介绍－潞城市 Ⅳ. ①K892.425.4

中国版本图书馆CIP数据核字(2015)第222455号

主　编　后　素

著　　　王学锋

责任编辑　胡萍丽

执行编辑　金　蕊

责任印制　方　航

人民邮电出版社出版发行　　北京市丰台区成寿寺路11号

邮编　100164　　电子邮件　315@ptpress.com.cn

网址　http://www.ptpress.com.cn

北京信彩瑞禾印刷厂印刷

开本：890×1060　1/16　插页：10

印张：16.5　　　　2015年11月第1版

字数：260千字　　　2015年11月北京第1次印刷

定价：108.00元

读者服务热线：（010）81055429　印装质量热线：（010）81055316

反盗版热线：（010）81055315

典策时光

漢溪文化

典策时光

典者，经籍也，其雅章之美芳泽无加，铅华弗御；策者，方略也，其法道之精修齐治平，经世致用；时者，四时也，春夏秋冬，轮转不休；光者，三光也，日月星辰，变幻无穷。

“典策时光”品牌由国内专业的国学传播机构“国学网”与锐意进取的人民邮电出版社联袂创立，旨在通过集结中国最优质的文化与创意资源，彰显出版艺术价值，探索一条传承中国优秀传统文化的创新之路。

千里不辞行路远，时光早晚到天涯。“典策时光”与其说是一种读书的选择，不若说是一种生活的态度，籍一缕书香，燃一盏心灯，品质阅读，格调生活。

典策芳泽，浸润时光。